人民币汇率波动对我国国际贸易的传导效应研究

杨凯文　著

中国金融出版社

责任编辑：丁　芊
责任校对：张志文
责任印制：程　颖

图书在版编目（CIP）数据

人民币汇率波动对我国国际贸易的传导效应研究（Renminbi Huilü Bodong dui Woguo Guoji Maoyi de Chuandao Xiaoying Yanjiu）/杨凯文著．—北京：中国金融出版社，2015.12
ISBN 978 - 7 - 5049 - 8217 - 9

Ⅰ.①人… Ⅱ.①杨… Ⅲ.①人民币汇率—汇率波动—影响—国际贸易—研究—中国　Ⅳ.①F832.63②F752

中国版本图书馆 CIP 数据核字（2015）第 274902 号

出版
发行　　中国金融出版社

社址　　北京市丰台区益泽路 2 号
市场开发部　（010）63266347，63805472，63439533（传真）
网 上 书 店　http://www.chinafph.com
　　　　　　　（010）63286832，63365686（传真）
读者服务部　（010）66070833，62568380
邮编　100071
经销　新华书店
印刷　北京市松源印刷有限公司
装订　平阳装订厂
尺寸　169 毫米 ×239 毫米
印张　12.75
字数　166 千
版次　2015 年 12 月第 1 版
印次　2015 年 12 月第 1 次印刷
定价　35.00 元
ISBN 978 - 7 - 5049 - 8217 - 9/F.7777
如出现印装错误本社负责调换　联系电话(010)63263947

谨以此书献给 Vince。

序

对国际贸易的研究不是一个新课题，自经济学产生以来，国际贸易问题始终就是国际热点，成为国与国之间激烈争夺的核心，与国际贸易相伴而生的国际金融在其中扮演着重要角色。作为国际金融和开放经济下的重要核心变量和经济杠杆的汇率在国际贸易和经济利益分配上发挥着巨大作用。

我国经济发展与全球关系日益紧密的事实说明，随着我国开放程度的扩大，我国经济对于国际贸易的依赖越来越强，国际资本流动对实体经济的影响，以及其他经济体通过国际化的竞争对我国的影响越来越大。但是，必须清醒地认识到，伴随着1997—1998年的亚洲金融危机、2008年美国次贷危机以及随后的欧元区危机的相继发生，国际贸易环境的急剧变化对我国的经济发展产生了深远的影响。

从我国经济社会发展改革的进程来看，2005年7月汇率改革之后，人民币与美元脱钩，实行以市场供求为基础、参考一篮子货币进行调节、有管理的浮动汇率制度，并在近年来逐渐扩大允许人民币汇率浮动的空间，汇率的灵活性不断提高，汇率波动在频度和幅度上明显增强，与此同时，人民币也在逐步升值。随着我国经济开放程度的不断提高，汇率对我国经济情况变动的反应也越敏感。大量研究表明，汇率波动性的增强会带来外汇市场上的汇率风险，不利于国际贸易。处在后危机时代，我国面临的国际、国内经济形势更为复杂。国内经济增速显著放缓，出口贸易增速也在逐年下降，国际贸易的发展遇到了瓶颈。国际上，全球经济形势萎靡，政治、经济动荡不断，西方国家贸易保护主义抬头。从人民币的使用和跨境结算的现状来看，人民币业已显现出国际化的趋势。因此，人民币汇率波动对我国国际贸易会带来怎样的影响这一问题引起了学术界和工商界越来越多的关注。

杨凯文博士的新著《人民币汇率波动对我国国际贸易的传导效应研究》一书对国际和国内汇率制度的演变以及该领域前期相关研究进行了全面的回顾。该书采用理论分析法，基于汇率与国际贸易理论，梳理出汇率波动对于国际贸易的传导作用机理。

同时，该书基于传导机制理论，从实证的角度揭示了人民币汇率波动对于我国国际贸易的传导效应及其政策含义，着重分析汇率通过价格弹性渠道和风险偏好渠道对国际贸易的传导机制和传导作用，并提出了相关政策性建议。

多年指导研究生的教学生涯让我深深地体会了师生教学相长的深刻内涵，我越来越感到自己在不断地从学生身上汲取着学术营养，他们的奋进在时刻催促着自己前行。凯文是我的博士研究生，也是我非常欣赏的学生，他办事认真、学习刻苦，因为有过在英国留学的经历，对国际贸易问题尤感兴趣，在前面硕士研究生阶段研究的基础上，才确定了博士研究生阶段的这个研究题目。

这个选题难度很大，难就难在对这一论题的研究已经很多了，担心流于一般，缺乏新意。但凯文经过近两年的虚心求教，刻苦钻研，不断调整思路，几易其稿，最终提交了一份优秀的毕业论文，本书就是在其博士论文基础上进一步完善的一部著作。

相信这本著作能够将目前人民币汇率形成机制，汇率对于国际贸易的传导机制原理以及实际传导作用效果较为系统、完整地介绍给读者，为政策制定者的决策提供一定的参考。

该书目标明确、内容全面、论据充分、分析全面，是一本从理论到实践分析汇率对我国国际贸易传导机制和传导效应的学术著作，读来受益颇多，乐为之作序。

中国农业大学经济管理学院教授、博士生导师
臧日宏
2015 年 10 月 16 日

摘　　要

随着世界经济全球化进程的不断加快，国际贸易竞争的日趋激烈，汇率对国际贸易的影响是不争的事实，长期以来理论界从没有停止对该问题的研究，大量的研究证明，灵活性较强的汇率制度会增强汇率的波动，进而产生外汇市场上的汇率风险，阻碍进出口贸易，对出口导向型经济体的影响更为明显。我国于 2005 年 7 月对人民币汇率形成机制进行了进一步的改革，并在近年来不断扩大允许人民币汇率浮动的空间，人民币汇率的灵活性逐渐提高，汇率波动性显著增强。国际贸易作为我国的重要经济增长点，人民币汇率波动如何影响我国国际贸易这一问题引起了学术界的广泛关注，但前期相关实证研究并未能达成一致的结论，关于汇率对国际贸易传导机制原理的理论分析不够。因此，本书有针对性地对该领域的研究进行补充，旨在明确汇率对国际贸易的传导机制原理，基于此建立分析模型开展实证研究，通过理论和实证分析明确人民币汇率波动对于我国国际贸易的传导效应及其政策含义，提出合理的建议。

围绕研究目标，本书主要在三个方面做了研究探讨：（1）对主流的汇率和国际贸易理论进行深入分析，基于此梳理出汇率波动对国际贸易的传导机制原理；（2）构建包含人民币汇率、我国国际贸易情况、我国经济情况、进出口价格水平等变量的向量自回归模型及其向量误差修正模型，实证分析人民币汇率水平变化对我国国际贸易的影响；（3）构建包含进出口贸易额、汇率波动风险、外国收入、进出口产品相对价格等变量的贸易模型，实证分析人民币汇率波动风险对我国国际贸易的影响。

通过研究我们得到以下结论：（1）理论上，汇率主要通过汇率水平变化和汇率波动风险两种渠道将自身的变化传导到国际贸易上；（2）实证分析表明，对于我国的情况，汇率对国际贸易的传导主要表现为汇率波动风险的传导效应，汇率波动风险在一定程度上会对我国的国际贸易，特别是对出口贸易带来不利的影响，在深化人民币汇率制度改革的同时，应当注意保持汇率的稳定性，人民币汇率管控的松绑应稳步推进；（3）人民币汇率水平的小幅度变化不会对国际贸易产生明显的影响，我国国际贸易不易受到进出口产品相对价格变动的冲击；（4）随着我国进出口贸易产品结构的不断升级，人民币国际化水平的日趋提高，人民币汇率波动对于我国国际贸易的影响会有增强的趋势，这需要我国政府加强宣传指导，鼓励外贸企业加大对金融避险工具、保险产品的合理使用。本书可能的创新之处在于从理论上明确了汇率波动对于国际贸易的传导机制原理，基于传导机制理论，从独特的研究视角出发进行了全方位、多口径的实证分析，扩宽了研究范围，结论具有一定的现实参考价值。

由于作者能力水平有限，写作时间也较为仓促，书中的偏颇、不当之处甚至错误在所难免。在此，作者殷切盼望广大读者朋友们不吝赐教，给予批评和指正，对本书不足之处提出宝贵的意见，作者将在接下来的研究工作中努力改进。

目　　录

1

导　论

1.1　选题依据

　　汇率是各国之间进行贸易往来的重要前提条件之一，是连接各国国际贸易的纽带；同时，汇率作为重要的经济杠杆之一，影响着一个国家或地区国际贸易健康发展。1944 年 7 月，美国、英国、日本等 44 个国家在联合国国际货币金融会议上共同签署了《国际货币基金组织协定》和《国际复兴开发银行协定》，确立了以美元为中心的国际货币体系，即布雷顿森林体系。在该体系下，各成员国实行的是固定汇率制度，公布各自货币按黄金或美元来表示的对外平价，各国货币兑美元的汇率一般只能在上下 1% 的范围内波动，各国政府对外汇市场进行直接干预，汇率变化被人为地控制在很小的范围之内，波动幅度很小。由于美元的国际地位不断下降，到了 20 世纪 70 年代，美国政府推行的新经济政策引起了"尼克松震荡"，导致了 1973 年 3 月布雷顿森林体系的瓦解。1976 年，国际货币基金组织达成《牙买加协定》，允许成员国自由制定汇率制度，使汇率的自由浮动合法化。从那时起，越来越多的国家开始实施灵活性更强的浮动汇率制度，外汇市场的供求关系成为汇率变化的决定性因素，汇率波动也随之加剧。与此同时，伴随着世界经济全球化进程的加快，汇率波动对世界经济的影响越来越大。因此，大量学者开始关注汇率波动对国际贸易的影响。

对于亚洲国家来说，1997—1998 年的亚洲金融危机给我们的教训是固定的汇率制度如果操作不当，可能导致巨大的损失。在那次亚洲金融危机之后，包括我国在内的更多亚洲国家开始逐渐放弃固定汇率制度，转向灵活的汇率制度来减少实际经济的波动。然而，理论上，灵活的汇率制度也存在一些弊端，比如在浮动汇率制度下，一个国家货币的名义和实际汇率的波动远大于这个国家基础经济的波动，这种波动可能会对国际贸易产生负面影响，从而影响经济发展。

在我国，人民币汇率形成机制历经了一系列的变革：1979 年以前，采用的是单一的固定汇率制度；1979 至 1993 年底是汇率双轨制时期；1994 年 1 月，我国实行了以市场供求为基础的、单一的、有管理的浮动汇率制度；2005 年 7 月我国对汇率形成机制进行了进一步的改革，结束了延续十多年的与美元挂钩的汇率制度，实行以市场供求为基础、参考一篮子货币进行调节、有管理的浮动汇率制度，并在近年来逐渐扩大允许人民币汇率浮动的空间，人民币汇率波动在 2005 年 7 月之后显著增强，人民币汇率已由单边升值预期转为双向浮动。随着人民币汇率改革的逐渐深化、国际化进程的加快，人民币未来将成为能被广为接受的国际结算货币，参考美元、欧元、日元的经验，人民币汇率的波动性无论从频度和幅度上都将有所增强。我国作为一个贸易大国，对外贸易依存度近年来一直处在较高的水平，在 2013 年虽有所下降，但仍保持在44% 的高位，国际贸易对我国经济的影响举足轻重，是重要的经济增长点。近年来，我国经济增速放缓，出口贸易增速逐年下降，国际贸易的发展遇到了瓶颈；国际上，全球经济形势萎靡，政治、经济动荡不断，西方国家贸易保护主义抬头，在这样的经济环境下，研究人民币汇率波动对于我国国际贸易的影响具有现实迫切性。

通过回顾该领域的相关研究文献，本书发现，在理论研究方面，学者们基于汇率理论和国际贸易理论发展出来若干理论模型来描述汇率波动对于进出口贸易的影响作用，但从总体上未能达成统一的认识，存在这样几种观点：一派学者（Friedman，1953）认为从宏观层面上来看，灵活的汇率制度可以有效地反映出市场供求关系，促进国际贸易和整体宏观经济的稳定性，而短期的汇率波动不会对进出口贸易额产生显著影响，因此，浮动汇率政策对一个国家的经济是有益的。另一派学者（Mundell，2000）认为灵活的汇率制度会加剧汇率的不稳定性，引起汇率的频繁变动，这种变动带来更多的不确定性，会导致外汇市场上的风险。而外汇市场上风险的提高会阻碍国际贸易，因此，汇率的波动会对国际贸易具有负面的影响。还有一派学者（Rogoff 和 Obstfeld，1995）认为，汇率波动对国际贸易会产生何种影响是不明确的，因为这种影响会受到其他多种因素的制约，在不同的经济环境下，汇率波动对国际贸易可能产生正面、负面或者是无法确定的影响作用，也可能不会影响国际贸易。

理论分析是为实证分析提供研究思路，鉴于理论上的探讨没有形成一种确切的结论，在这一领域涌现出了大量的实证研究；然而，实证研究也未能达成一致的结论。一些研究发现汇率波动与国际贸易之间存在显著的负相关性，汇率波动的加剧将提高汇率风险水平，进而降低国际贸易水平（Dell'Ariccia，1999；Kandilov，2008；Chit 等，2010）。还有一些研究持不同的观点，认为汇率波动可以促进国际贸易（Franke，1991；Viaene 和 De Vries，1992；Hsu 和 Chiang，2011）。也有一些研究发现国际贸易不会受到汇率波动的影响（Gagnon，1993；Aristotelous，2001；Caglayan 和 Di，2010）。虽然已有的实证研究没能得出统一的结论，但却证实了汇率波动对国际贸易的传导效应是存在的。

我国对这个方面问题的关注起步相对较晚，20 世纪 90 年代之后才逐渐由学者开展对这一领域的实证研究。前期国内的相关研究中，多数结论认为人民币汇率波动对我国的国际贸易有着不同程度的负面影响（陈六傅等，2007；黄基伟和于中鑫，2011；刘荣茂和黄丽，2014），也有一些研究发现人民币汇率波动不会对我国的国际贸易带来显著的影响作用（余珊萍和韩剑，2005；彭红枫，2010；李先铎和黄昌利，2014）。本书发现，前期研究存在一些可以进一步改进或者需要进行补充完善的地方：一是偏重于实证建模分析，缺少关于汇率波动对国际贸易传导机制的梳理；二是集中于分析我国与美国、日本、欧盟的贸易数据或者我国的出口总量贸易数据，缺少对不同类型贸易伙伴情况的比较分析，较少对我国与发展中国家和新兴经济体国家进出口贸易情况的研究；三是前期学者对于我国对外出口贸易的关注比较多，对进口贸易的关注不够；四是近年来，我国的汇率制度和国际贸易情况发生了新的变化，需要结合最新发展情况给出进一步的深入分析。

鉴于对上述情形的综合判断，本书选择人民币汇率波动对于我国国际贸易的传导效应来进行研究，以期对该领域的研究给出有效的补充和完善，同时也希望将本书的研究成果应用于我国国际贸易的实践，提出相关政策建议，促进我国汇率制度的适时调整和我国国际贸易的发展。

1.2　国内外研究现状

1973 年布雷顿森林体系崩溃瓦解后，西方发达国家逐渐从基于美元本位的固定汇率制度转向灵活性更强的浮动汇率制度，各国汇率自由度大大增加，随着经济全球化进程的加快，各国货币之间汇率的变化更为频繁、波动幅度更大。国际贸易是以汇率作为连接纽带，在这种现实背景下，从 20 世纪 70 年代初到现在的 40 多年间，汇率波动对国际贸易的影响一直是西方学者们关注的课题，关于此领域的研究也从未间断过。我国对此方面问题的研究起步相对较晚，20 世纪 90 年代之后才逐渐由学者开展对这一领域的实证研究。通过对前期研究结果的分析总结，本书发现：第一，汇率波动对于国际贸易的影响可以从两个方面去考虑，一方面是汇率水平波动对于国际贸易的影响，另一方面是汇率波动所带来的不确定性，即汇率波动风险对于国际贸易的影响，前期研究大多是从这两个方面入手开展理论与实证分析；第二，无论是在理论上还是实践上，学术界均未能达成统一的结论，基于不同的理论假设条件、模型设定、实证分析方法、样本数据，可能得出不同的汇率波动对国际贸易影响的结论；第三，前期研究虽未能达成共识，但证明了汇率波动对于国际贸易的影响在一定条件下是存在的，需要结合我国当前汇率制度与国际贸易的特点进行实际分析。

1.2.1　国外研究现状

从国外的经验来看，在理论上可以达成共识的是汇率对于国际贸易的影响主要有两个方面：一方面是汇率水平的波动引起进出口商品价格水平的变动，进而导致进出口贸易额的变化；另一方面是汇率波动带来的不确定性将导致外汇市场上的汇率波动风险，汇率波动风险会影响市场参与者的生产和贸易决策，进而对进出口贸易产生影响。尽管学者们基于汇率理论和国际贸易理论发展出来了若干研究模型，开展了大量的实证研究，但是这些研究从总体上未能达成统一的认识。一部分的研究认为汇率波动会对国际贸易之间存在负相关性，汇率波动会阻碍国际贸易（如：Ethier，1973；Clark，1973；Hooper 和 Kohlhagen，1978；De Grauwe，1987；Peree 和 Steinherr，1989；Chowdhury，1993；Broll，1994；Wolf，1995；Arize，1998；Dell'Ariccia，1999；De Vita 和 Abbott，2004；Kandilov，2008；Bahmani‐Oskooee 和 Hegerty，2009；Chit 等，2010）。一些研究结果支持不同的观点，认为汇率波动可以起到促进国际贸易的作用（如：IMF，1984；Assery 和 Peel，1991；Franke，1991；

Sercu 和 Van Hulle，1992；Viaene 和 De Vries，1992；Hsu 和 Chiang，2011）。也有一些研究发现汇率波动与国际贸易之间不存在显著的相关性，汇率波动不会对国际贸易带来显著的影响（如：Gotur，1985；Koray 和 Lastrapes，1989；Dellas 和 Zilberfarb，1993；Gagnon，1993；Aristotelous，2001；Caglayan 和 Di，2010）。

纵观前期国外的相关研究，本书发现大部分研究模型是基于马歇尔的局部均衡（Partial Equilibrium）理论假设来构建的，在 20 世纪 90 年代之后，才逐渐出现基于瓦尔拉斯的一般均衡理论（Gerenal Equilibrium）假设来构建的研究模型。正如 McKenzie（1999）所指出的，不同的分析模型设定、不同的研究角度、不同的分析对象、不同时期、采用不同的实证分析方法等因素均可能产生不同的分析结论。虽然已有研究没能得出统一的结论，但却证实了汇率波动对国际贸易的传导效应是客观存在的，就国外相关研究而言，不能单一地比较实证分析结果，总结他们的理论观点和研究方法更具参考意义。

1. 局部均衡视角分析

有关汇率对于国际贸易影响的研究中，大部分研究模型是基于马歇尔的局部均衡理论假设来构建的，即在假设其他市场条件不变的情况下，重点关注汇率对于进出口贸易的影响，不考虑生产者和消费者之间的相互影响作用。

（1）汇率波动带来外汇市场上的不确定性，这将导致进出口贸易决策上的风险，对贸易额产生影响。

大量研究认为，市场参与者进行投资决策时，在其他条件等同的情况下，更倾向于低风险的投资，而汇率波动会带来进出口贸易决策上的风险，汇率波动加剧则风险提高，国际贸易额减少。具有代表性的研究是 Clark（1973），该研究认为，汇率波动反映了汇率变化的不确定性，而这种不确定性将带来汇率风险（Exchange Risk）。由于汇率风险的客观存在，需要考虑市场参与者的汇率风险偏好在贸易决策中的作用。在微观层面上，风险的存在会影响市场参与者的决策，市场参与者即进行进出口贸易的厂商，他们对于汇率风险的偏好将决定他们在国际贸易上的表现，汇率风险会阻碍风险厌恶型的企业进行国际贸易。在经济学研究中，一般性的做法是假设市场参与者是风险厌恶型的，那么当其他条件相同时，市场参与者偏好于低风险的投资决策。在缺少便利的套期保值工具的市场中，当汇率波动加剧时，汇率风险会增加，那么市场参与者将减少其国际贸易上的投入，导致一个国家或地区国际贸易水平的下降。因此，汇率的非预期波动会减少风险厌恶型贸易商的贸易额。

Ethier（1973）的研究构建了一个分析风险厌恶型公司的贸易决策研究模型，通过对贸易型公司的成本和利润函数进行推导，得出处于出口供给和需求均衡状态下公司的贸易行为方程，指出在给定即期利润和预期利润的前提下，汇率波动越大，公司的收益风险越大，公司将通过减少交易量来规避风险。该研究认为由于市场是由若干风险厌恶型公司组成的，因此，如果汇率波动加剧，所带来的汇率风险将对整体的国际贸易情况带来负面的影响。

Hooper 和 Kohlhagen（1978）的研究扩展了 Clark（1973）的模型，将汇率波动风险设定为唯一的风险来源，也给出了相似的结论，认为在一般情况下，汇率风险对国际贸易是不利的，汇率波动性增强，对于国际贸易所带来的不确定性会增加，出于规避风险的考虑，市场参与者的出口、进口贸易额会减少。但是，如果市场参与者是风险中性或者是风险喜好型的，那么汇率波动风险则不会阻碍国际贸易。此外，该研究指出套期保值之后的风险暴露才是进行贸易决策时需要考量的风险因素，在完全套期保值的情况下，汇率风险不会影响国际贸易。

Akhtar 和 Hilton（1984）的研究讨论了汇率的不确定性对进出口贸易的影响，认为汇率的不确定性会阻碍进出口贸易。在浮动汇率制度下，汇率波动加剧，这带来了汇率的不确定性，导致进出口产品价格的不确定性和公司利润的不确定性，风险厌恶型公司将会削减贸易额，并转向在国内市场上寻找替代商品，当汇率的不确定性增强时，总体进出口贸易水平将下降。

Wolf（1995）的研究从预期收益对于出口贸易决策的影响角度分析了汇率波动对于出口贸易的传导作用。该研究认为预期收益是影响市场参与者进行出口贸易的关键因素，而汇率变化的加剧会引起汇率波动风险的提高，进行风险调整后的出口预期收益将降低，在收益下降的情况下，市场参与者进行出口贸易的动力将被削弱，因此，整个市场的出口贸易水平将下降。

（2）研究汇率波动对于国际贸易的传导效应时，如果不考虑市场参与者风险偏好的约束，可能得出不同的研究结论。

前期研究中，在分析汇率水平变化对于国际贸易的影响时，理论支撑是较为充足的，主要是以汇率的弹性分析理论为基础，从进出口产品的需求价格弹性入手来进行分析，汇率水平变化对贸易额的影响不受市场参与者风险偏好的约束，汇率对进出口贸易产生怎样的影响取决于进出口产品的需求价格弹性。在实证领域，不同研究对象可能表现出不同的进出口产品需求价格弹性属性，那么汇率水平变化将会产生不同的影响作用。Boyd 等（2001）的研究指出不同国家的进出口产品需求价格弹性存在一定的差异，进出口产品需求价格弹性的提高会导致汇率水平变化对于进出口贸易影响的增强；马歇尔—勒纳条件可能成立，也可能不成立，在该条件成立的情况下，才可能通过本国货币贬值来实现国际贸易收支情况的改善。

在分析汇率波动风险对于国际贸易影响的研究中，大多数研究在进行分析模型构建时均假设市场参与者总体上具有风险厌恶的性质。在这样的前提下，汇率风险会直接影响他们的生产经营决策；但也有一些学者认为这样的假设不是必要的，可以不考虑市场参与者的风险偏好。

De Grauwe（1988）的研究率先放弃了市场参与者是风险厌恶型的假定，该研究表明，风险厌恶型不是得到汇率风险与国际贸易负相关的充分条件。因为，如果出口商足够厌恶风险的话，汇率波动加剧时，他们会通过增加出口量来防止出口贸易收入的降低，汇率波动的加剧会增加预期的出口收益的边际效益，这将导致出口商增加出口贸易量，进而对国际贸易起到了促进作用。

Qian 和 Varangis（1994）从利润函数的角度分析了汇率波动导致国际贸易水平提高的原因。该研究认为，当市场参与者遇到对自己不利的汇率变化时，他们会减少生产。由于生产减少了，资本投入也相应地减少，那么，他们就会比最优状态剩余更多的资本。而当市场参与者遇到对自己有利的汇率变化时，他们会增加生产，因此将投入更多的资本，剩余较少的资本。如果假设利润函数是凸的，由于资本不充足所带来的潜在利润损失将比由于资本未充分利用带来的损失更大，那么，追求利润最大化的公司在面对汇率不确定性时会倾向于过度投资，增加出口，进而引起了整体国际贸易水平的提高。

Demers（1991）、Franke（1991）的研究模型也放弃了市场参与者是风险厌恶型的假定，但这两个研究并未得出一致的结论。就 Demers（1991）的研究而言，该研究假设市场参与者是风险中性公司，不会由于存在汇率风险而增加或减少进出口贸易量。但通过分析发现汇率波动将造成出口产品价格的不确定性，因此，国外对于出口产品的需求是不确定的，市场参与者难以确定其最佳的生产状态。由于存在不可逆的投资，那么市场参与者最合理的选择是缩小生产规模，这将导致整个市场总产量的减少，出口量下降。该研究说明了不考虑风险偏好的情况下，汇率波动可以通过价格、收益等因素的传导，对国际贸易产生负面的影响。

Franke（1991）也假设了市场参与者是风险中性的公司，但是发现了汇率波动对于国际贸易具有正向的影响作用。该研究指出，公司的出口贸易可以看作一种出口商品的卖权期权，公司通过对汇率水平的判断来决定是否执行该期权，根据判断来选择进行国内贸易还是进行国际贸易。当汇率变化有利于出口贸易时，公司会更多地进行对外贸易，而当汇率不利于出口贸易时，公司会转向国内市场。当汇率波动增大时，期权的利润将增高，市场参与者会更早地进入国际贸易市场，而且会更晚地退出国际贸易市场。同时，风险的提高带来收益的提高，参与国际贸易的公司数量会增多，因此，市场总体的贸易额将会提高，通过这种机制的作用，汇率波动促进了国际贸易水平的提升。

（3）金融避险工具的使用、大量跨国公司的存在、发达的金融市场可以弱化汇率波动对于国际贸易的影响。

在20世纪90年代以后的研究中，逐渐有学者在分析模型中考虑到汇率避险工具的作用。这一类的研究认为，早期的研究大多将汇率变化所带来的汇率风险假设为唯一的风险来源，较少对于贸易套期保值工具的应用情况进行系统性地深入分析。如果同时考虑汇率波动对贸易的影响，以及套期保值工具（如远期合约、期货、期权、外汇掉期等）在规避汇率风险方面的作用，汇率波动对于贸易的负面影响可能会被淡化。Viaene 和 De Vries（1992）的研究证实了这一点，该研究指出，总体的净汇率风险暴露和风险偏好类型是决定国际贸易活动的重要因素，金融避险工具的使用将有效地减少汇率风险暴露，削弱汇率波动风险对国际贸易的影响。Qian 和 Varangis（1994）的研究也支持上述观点，该研究认为贸易企业可以通过合理的货币资产组合来抵御汇率波动风险，如果市场参与者具有多种货币的资产组合，其中一种货币的汇率与其他货币汇率是相反的关系，由于汇率间的抵消作用，该货币汇率波动则会降低整体资产组合的汇率波动风险。因此，如果一个公司与多个国家的公司进行贸易时，需要综合考虑多币种汇率风险的总体影响。

该领域大多数的研究模型中均假设市场参与者为单一型贸易商（Single Trading Firms），即只开展进口贸易或者出口贸易的厂商。然而也有学者（Broll，1994）认为这种假设是不全面的，因为在现实中，从事进出口贸易的主体是大型的跨国公司（Multinational Firms），它们的贸易额占据了一国进出口贸易额的主要部分，而这些公司往往既是出口贸易商也是进口贸易商，在多个国家都有分公司进行生产经营，带动了大量的国际贸易往来和资本流动。因此，研究汇率波动对于国际贸易的影响，需要着重考虑这些跨国公司面对汇率波动时的表现。Broll（1994）分析了在本国和外国都有生产经营的大型跨国公司应对汇率波动风险的情况，考虑了跨国公司的风险偏好，假定跨国公司为风险厌恶型，同时考虑了套期保值工具的作用，假定跨国公司使用自有资本和通过资本市场借贷来进行投资。该研究发现由于发达资本市场的存在，汇率波动风险因素仅仅会对进行套期保值的规模产生影响，并不会对资本分配和在国外的生产规模产生影响。因此，在这种假设条件下，进出口贸易额仅受国外资本和劳务的成本影响，不会受到汇率风险因素的影响。Gagnon（1993）的研究也得到了相似的结论，该研究认为对于美国、英国等拥有大量跨国公司的发达国家而言，由于跨国公司在抵御汇率波动风险方面的能力较强，汇率波动不会对国际贸易水平产生显著的影响。

发达的金融市场可以减小汇率波动对于国际贸易的影响。Chit 和Judge（2011）的研究认为，汇率波动风险对进出口贸易产生何种程度上的负面影响主要取决于一个国家金融市场的发展情况。发达的金融市场可以为厂商提供规避汇率波动风险的机制，有助于弱化汇率波动风险对于进出口贸易的影响。这种规避汇率波动风险的机制主要体现为两个方面：一方面是厂商可以通过金融衍生工具来进行风险缓释；另一方面是在发达的金融市场中，厂商更容易获得融资来改善流动性。金融市场欠发达国家的进出口贸易更容易受到汇率波动风险的负面影响，因为这些国家从事进出口贸易的厂商往往缺乏规避汇率风险的手段，进出口贸易更容易受到汇率波动的冲击。因此，金融市场欠发达的国家更适合采用有管理的固定汇率制度或盯住汇率制度，而非允许汇率自由浮动的浮动汇率制度。

2. 一般均衡视角分析

虽然该领域研究模型的发展起始于局部均衡视角的分析，且局部均衡理论分析占据大多数，但在 20 世纪 90 年代之后，随着计算机统计分析技术和可计算一般均衡（Computable General Equilibrium）模型的发展，逐渐有学者开始关注一般均衡视角的分析。局部均衡分析主要考察的是汇率波动对于国际贸易水平的直接影响，一般均衡分析可以对汇率波动通过影响其他变量进而影响国际贸易水平的间接效应进行分析。这些学者的研究模型主要是基于瓦尔拉斯的一般均衡理论假设来设置的，即当整个经济处于均衡状态下，生产要素和消费品的价格以及它们的供给和产出将处在一个均衡的水平。进行一般均衡研究时需要考虑全部市场的情况，只有当整体经济均处于均衡状态，个别市场才能处于均衡的状态。在该视角下，具有代表性的研究有：Gonzaga 和 Terra（1997）、Bacchetta 和 Van Wincoop（2000）、Sercu 和 Uppal（2003）等。

Gonzaga 和 Terra（1997）的研究建立了一个一般均衡的研究框架来分析实际汇率波动对于国际贸易的影响作用，在该研究的分析框架中，实际汇率波动被设定为内生变量，实际汇率波动的产生是由需求的冲击所导致的，而需求的冲击会受到通货膨胀波动性的影响。该研究认为实际汇率波动会对均衡实际汇率带来正向的影响，即实际汇率波动性增强，处在均衡状态下的实际汇率将提高。从理论上来讲，实际汇率波动会对出口贸易带来负面的影响，但是这种影响有多大取决于出口产品的需求价格弹性，实际汇率波动对于出口贸易的影响程度与出口产品的需求价格弹性具有正相关性。从基于巴西数据的实证分析来看，实际汇率波动不会对出口贸易带来显著的影响。

Bacchetta 和 Van Wincoop（2000）基于一般均衡的分析思路考察了在不同的汇率制度下，汇率波动对于国际贸易和社会福利的影响。该研究指出汇率波动对于国际贸易的影响是一个复杂的过程，可以不受汇率制度的制约，固定汇率制度虽然增强了汇率的稳定性，但不一定会带来国际贸易的增长。无论在固定汇率制度还是浮动汇率制度下，汇率波动均可能不会对国际贸易水平带来显著的影响。就出口贸易而言，外国货币贬值所带来的直接效应是国内出口贸易的减少。但是，如果导致外国货币贬值的原因是外国实施了扩张性的货币政策，那么其所带来的间接效应是在扩张性的货币政策作用下，国外需求增加引起本国出口贸易的增长，使得直接效应和间接效应相互抵减。直接效应和间接效应相互抵减后的净效应取决于市场参与者的偏好和货币政策规则等因素。

Sercu 和 Uppal（2003）的研究同样建立了一个一般均衡经济模型，该研究的主要目的是为了验证汇率波动性的增强会导致国际贸易额的减少这样一个流行的说法是否一定成立。该研究假设国家禀赋是随机的，国际贸易市场是不完全的，国际贸易、汇率和有价证券的价格均为内生的。该研究发现汇率波动可能会对国际贸易额产生正向的或者反向的影响，这主要取决于导致汇率波动的原因，如果汇率波动是由市场分割（Commodity Market Segmentation）、贸易壁垒（Trade Barrier）程度的增加所引起的，那么，汇率波动会阻碍国际贸易；如果汇率波动是由国家禀赋变化引起的，那么，汇率波动则会促进国际贸易的增长。此外，该研究还发现无论哪种情况下，汇率波动的增强均会带来社会福利的减少。该研究从理论上解释了为什么一些实证研究未能发现汇率波动与国际贸易额之间有显著负相关性的可能原因。

纵观国外前期相关研究，本书发现这些研究有的侧重于理论层面上的探讨，有的关注实证方面的检验，但从总体上来看，未能得到肯定的结论来支持汇率波动会阻碍国际贸易这一观点。前期研究之所以未能形成一致的结论，很大程度上取决于以下几个方面的因素。

（1）理论模型设定。基于不同的理论假设以及不同的模型设定，可能会得到不同的结果，比如有关汇率波动风险对于进出口贸易影响的研究更倾向于得出汇率波动阻碍国际贸易的结论，而有关汇率水平变化的传导效应的研究中，大多数研究得出了汇率与国际贸易之间存在偏弱的相关性的结论。

（2）研究的考察角度。研究的考察角度不同，所分析的研究数据可能具有不同的属性表现，这对于分析结果将会起到决定性作用，是导致前期研究中出现不同分析结论的最重要因素。不同时间段、不同的汇率制度框架下、不同国家或地区、不同行业、不同频度的研究数据会表现出不同的属性，因此，可能得到不同的分析结果。然而，前期实证研究的研究角度不尽相同，所分析的数据样本的属性不尽相同，所以，未能得出统一的实证分析结论，这是符合客观实际的。在对前期研究进行比较分析时，必须考虑其研究角度以及研究数据的属性，不能简单地去比较研究结论。

（3）汇率波动的度量。在前期关于汇率波动的剧烈程度（Exchange Rate Volatility）或汇率波动所带来的汇率风险（Exchange Risk）对国际贸易影响的研究中，汇率波动是指货币对外价值上下波动的趋势，可以反映出汇率变化的不确定性所带来的汇率风险，而在实证研究中，不同方法得到的汇率波动时间序列所表现的统计学特点可能存在差异，因此会对分析结果造成一定的影响。此外，采用名义汇率数据或实际汇率数据来进行分析，可能得到不同的分析结果。

（4）汇率与国际贸易之间关系的检验。检验汇率与国际贸易之间的关系，目前学术界有多种成熟可用的估计方法，但是不存在一种可以适用于任何情况的通用方法。在实证分析中，需要结合具体的研究情况来选择最合适的估计方法，但是每种方法的统计学特性不同，所选的估计方法必须适应模型设定和数据的属性，估计方法选择不当将会影响研究结论的准确性。

1.2.2　国内研究现状

关于人民币汇率与我国国际贸易之间关系的实证研究起步相对较

晚，从20世纪90年代之后国内才逐渐有学者关注该领域的问题。有关人民币汇率与我国国际贸易之间关系的研究，主要是从三个方面入手：第一个方面主要关注人民币汇率水平变化对我国出口贸易的作用效果；第二个方面是讨论人民币汇率波动所引致的汇率波动风险对我国出口贸易的影响；第三个方面是从汇率弹性分析法的研究思路出发，分析马歇尔—勒纳条件（Marshall – Lerner Condition）是否成立，讨论人民币升值、贬值对于我国国际收支的影响。

1. 有关汇率水平变动对出口贸易影响的讨论

研究我国问题，一方面的入手点是讨论人民币汇率水平的变动对我国对外贸易的影响。在这方面，有的研究发现人民币汇率变化会对我国的出口贸易带来不同程度的抑制作用，但是也有一些研究认为我国的出口贸易不会受到人民币汇率变化的影响。这些研究基于的数据属性不同，侧重点也不同，因此未能形成统一的研究结论，但是证明了在一定的条件下，人民币汇率水平变化会对我国的出口贸易产生影响。

在这一角度的研究中，卢向前和戴国强（2005）以非完全替代的贸易分析模型为基础，基于我国1994—2003年的月度进出口贸易数据和人民币对世界主要货币的加权实际汇率数据，对贸易额、国民收入水平、进出口产品价格、人民币汇率进行协整关系分析。该研究发现人民币实际汇率与进出口贸易存在长期的协整关系，人民币汇率水平变化对我国的国际贸易具有显著的影响，人民币实际汇率波动对于进出口贸易的影响存在J曲线效应。

余珊萍和韩剑（2005）采用了贸易分析的引力模型对我国与主要贸易伙伴2000年至2003年的双边贸易截面数据进行回归分析。实证分析结果显示贸易国人均收入水平、国家间的地理距离长度与我国的出口贸易额之间具有较强的关联性，人民币名义汇率水平对我国的出口贸易呈现出相对较为微弱的影响，汇率水平变动对出口贸易的传导作用偏弱。

沈国兵（2005）基于1994—2002年的年度数据以及1998—2003年

的月度数据进行了人民币汇率变动与中美国际贸易的协整关系检验，对于1994—2002年的年度数据分析结果显示人民币兑美元名义或实际汇率与中美贸易之间没有稳定的关系，1998—2003年的月度数据的分析结果显示人民币兑美元汇率与中美贸易之间不存在长期的协整关系。该研究认为人民币汇率的变动不会影响中美国际贸易收支，仅仅依靠人民币汇率变动无法解决中美贸易逆差问题，人民币升值论更多的是基于政治因素的考虑而非经济因素。

彭红枫（2010）基于1985—2009年的月度数据对人民币汇率变化与中美贸易之间的关系进行了协整检验。实证结果发现：对于整个时间跨度的数据，人民币汇率变化与中美贸易差额之间不存在协整关系；对于2005年7月人民币汇率制度改革以后的数据，协整关系是存在的，但是人民币汇率的变化不会对中美贸易差额的变化带来显著影响，人民币升值对减少中美贸易逆差的作用微乎其微。

黄基伟和于中鑫（2011）利用2005—2010年的月度数据对中美贸易逆差和人民币升值之间的关系进行了回归分析。实证结果显示人民币升值对美国进口减少的影响作用非常小，说明如果仅仅依靠人民币升值来减少美国从中国的进口几乎是不可能的。该研究认为人民币汇率水平变动是中美贸易逆差的一个次要的影响因素，主要原因在于美国对中国长期的出口限制影响了美国企业贸易比较优势的发挥。新国际分工体系下形成的中国加工贸易方式则是另一个次要影响因素。

2. 有关汇率风险对出口贸易影响的讨论

研究我国的问题另一方面的入手点是讨论人民币汇率波动的剧烈程度，即汇率波动所带来的汇率波动风险对我国出口贸易的影响，与有关汇率水平变化对于我国出口贸易影响的研究类似，这一方面的研究也未能达成一致的结论，大多数研究认为人民币汇率波动风险会对我国的出口贸易带来不同程度的抑制作用，但是也有部分研究发现我国的出口贸易不会受到人民币汇率波动风险的影响。

在有关汇率波动风险对我国出口贸易的影响的研究中，陈龙江（2007）构建了协整关系分析模型对人民币兑日元的汇率波动风险对于我国农产品对日本出口的影响进行实证分析，讨论了人民币实际汇率对于出口贸易的净效应。该研究发现人民币兑日元汇率波动风险对我国向日本的农产品出口贸易有着负面的影响，包括人民币升值所导致的相对价格变化对农产品出口贸易的抑制作用以及人民币汇率波动所带来的汇率波动风险对农产品出口贸易的负效应，建议应该保持人民币汇率的稳定性，以减少汇率波动风险对我国农产品出口贸易的影响。

潘红宇（2007）通过协整检验、误差修正模型和格兰杰因果关系检验等技术实证分析了人民币汇率波动风险对我国与美国、日本、欧盟的出口贸易的影响，研究发现从长期的影响上来看，我国对美国、欧盟的出口贸易与人民币实际汇率波动存在长期的负向协整关系，我国对日本的出口贸易与人民币实际汇率波动风险不存在长期的协整关系；从短期的影响上来看，人民币的短期汇率波动风险会影响我国对美国的出口贸易，但不会影响我国对日本、欧盟的出口贸易。

陈六傅等（2007）基于1995—2005年的数据，分析了人民币实际汇率波动风险对于我国六大类企业出口贸易可能产生的影响，采用了协整分析方法和误差修正模型来估计各类企业的长期、短期出口需求方程。研究得出从长期和短期的作用效果来看，人民币实际汇率波动风险会对我国不同类型企业的出口贸易带来正面或者负面的影响，其中负面的影响更具有显著性；人民币实际汇率波动风险对于我国企业出口贸易的冲击程度在不同类型的企业之间存在一定的差异，产生不同影响作用的原因可以归结于各类企业的风险偏好、风险规避能力以及出口产品的质量等因素，在不同的条件下，汇率波动风险对于出口贸易会表现出不同的影响作用。

刘荣茂和黄丽（2014）的研究采用自回归分布滞后协整检验方法实证分析了人民币兑欧元汇率波动风险对于我国对欧盟农产品出口贸易的

影响，考察了 2004—2012 年的季度数据。该研究发现无论从长期还是短期的角度来看，人民币兑欧元的汇率波动风险均会阻碍我国对欧盟的农产品出口，但是人民币兑欧元汇率水平变化所带来的相对价格的变化不会对我国农产品出口产生显著影响。该研究认为，人民币兑欧元汇率波动风险在短期内被显著地放大，长期则会对我国农产品对欧盟的出口贸易带来机遇，关键在于是否能合理地调整出口农产品结构，提高产品质量，改变以价格取胜的贸易现状。

李先铎和黄昌利（2014）从总量的角度，基于 2005—2013 年的季度数据，实证分析了人民币汇率波动风险对于我国出口贸易的影响。实证分析结果指出，我国出口贸易、国内总收入、国外总收入以及人民币汇率波动风险之间存在长期协整关系，但汇率波动风险对于我国的出口贸易未能带来显著的影响作用。该研究认为，从总体上来看我国出口商对汇率波动敏感度不高，更注重市场份额的拓展，较少顾及汇率风险；与发达国家相比，我国的主要出口贸易仍然处在偏低的层次。

3. 有关马歇尔—勒纳条件的讨论

采用汇率的弹性分析法这一思路的研究主要是通过估算进出口商品弹性来检验我国贸易收支是否满足马歇尔—勒纳条件来进行讨论，即如果我国的出口商品需求弹性与进口商品的需求价格弹性之和大于 1，则可以通过人民币贬值来改善我国国际贸易收支。

在该方面的研究中，厉以宁等（1991）对我国 1970—1983 年的人民币汇率数据和我国进出口贸易数据的实证分析得出，我国进口商品和出口商品的需求价格弹性严重不足，分别仅为 0.67 和 0.05，两者相加之和为 0.72，小于 1，不满足马歇尔—勒纳条件。因此，通过人民币贬值的手段不能起到改善国际贸易收支的作用，反之会导致国际贸易状况的恶化。

戴祖祥（1997）对我国 1981—1995 年的数据进行弹性分析，得出我国进口商品、出口商品需求价格弹性之和大于 1，满足马歇尔—勒纳条件。在这种情况下，人民币贬值在一定程度上可以起到改善我国的国际贸易收支情况的作用。该研究认为外汇调控可以作为管理进出口贸易的一种措施，但是汇率政策是一种只调节进出口总量水平不涉及商品结构的"一刀切"政策，应审慎使用并需要有适当的产业政策来配合。

陆前进和李治国（2013）的研究支持了戴祖祥（1997）的结论，该研究通过对我国1994—2011年的贸易数据的实证分析，认为马歇尔—勒纳条件成立，通过人民币汇率兑美元实际汇率贬值可以改善我国的国际贸易收支，美元实际汇率贬值会恶化我国的国际贸易收支，但是J曲线效应不显著。

很明显，上述三个具有代表性的研究从结论上来看未能达成一致，但是通过分析这三个研究对象的属性可知，它们研究数据的时间跨度不同，我国进出口贸易在不同的时期内表现的特征不同，进出口商品需求弹性也不同，马歇尔—勒纳条件是否成立取决于进出口产品的需求价格弹性。在不同的经济发展时期内，生产力水平和消费水平将呈现出不同的状态，进出口贸易结构也不同，随着我国经济的高速发展、市场经济改革的深化、国际化程度的不断提高，进出口产品需求价格弹性也在发生变化。改革开放之后，我国进出口商品的需求价格弹性要高于改革开放之前，因此，上述研究呈现出不同的结论。对于汇率问题的分析角度的不同可能产生不同的结论，这需要我们以具体的经济学理论为基础并结合实际情况进行合理地解读。

总结前期有关人民币汇率波动对于进出口贸易影响的研究，可以看到国内学者对于该领域的研究取得了诸多很有价值的成果，为后续的研究奠定了良好的基础，具有一定的指导意义。由于该领域的研究处在一个不断演变、发展的阶段，需要关注的细节问题较多，因此，前期的相关研究存在如下几个方面需要进一步补充和完善的地方：一是国内前期研究偏重于实证分析，主要是对实证分析结果的解读，关于汇率波动对国际贸易传导机制理论层面上的探讨不够；二是以往实证研究集中于分析我国与美国、日本、欧盟的贸易数据或者我国的出口总量贸易数据，缺少不同贸易伙伴之间的比较分析；三是前期学者对于我国对外出口贸易的关注比较多，对进口贸易的关注相对较少；四是我国在 2005 年 7月汇率制度改革后又相继实施了诸如数次调整人民币对美元即期交易价格浮动幅度、建立跨境贸易人民币自由结算试点、签署多个外汇互换协定等多项增强汇率灵活性的举措，为分析现阶段汇率和国际贸易经验事实的政策含义，我们需要结合最新发展情况给出进一步的深入分析。因此，在本书中，我们力图在上述几个方面加以改进，进行更具有现实意义的分析，以期对该领域的研究给出合理、有效的补充和完善。

1.3   研究思路与目标

1. 研究思路

第一，描述汇率制度改革之后人民币汇率灵活性增强、汇率波动逐渐加剧以及近年来我国进出口贸易额震荡频繁的现象，明确人民币汇率波动对我国国际贸易的传导机制和传导效应的研究角度和切入点。

第二，对该领域前期的相关研究文献进行深入分析，包括对相关理论研究的回顾和对相关实证研究的讨论，了解该领域的研究进展情况和前期研究结论，明确可以继承和借鉴的研究成果以及存在的需要进一步补充和完善的问题。

第三，基于大量统计数据，分析人民币汇率制度的演变以及人民币汇率变化、我国进出口贸易发展等研究关键变量的经验事实，为实证分析做好铺垫。

第四，对汇率和国际贸易的主要理论进行深入分析和总结，厘清汇率的形成机制以及汇率波动对于国际贸易传导机制的基本原理，为实证研究做好理论准备。

```
背景、现象分析          汇率与国际贸易          历史文献研究
                      理论分析
      │                    │              │         │
      ▼                    │         理论研究总结   实证研究总结
 人民币汇率制度             │              │         │
 改革不断深化               │              ▼         ▼
      │                    │         理论适用性   模型利弊分析
      ▼                    │          分析
 人民币汇率波动              │              │         │
   加剧                     ▼              ▼         ▼
      │              梳理汇率波动对
      ▼              于国际贸易传导
 我国国际贸易的  ───▶  机制原理    ◀───────────────
   震荡
              ┌────────────┴────────────┐
              ▼                         ▼
        价格弹性渠道的传导          风险偏好渠道的传导
              │                         │
              ▼                         ▼
        构建汇率水平变化对          构建汇率波动风险对
        国际贸易传导效应的          国际贸易传导效应的
          分析模型                    分析模型
              │                         │
              └────────────┬────────────┘
                           ▼
    收集数据    ───────▶  开展实证分析
                           │
                           ▼
                     实证分析结果讨论
                           │              ───▶  国际经验考察
                           ▼
                     解答研究问题,并提
                     出政策性建议
```

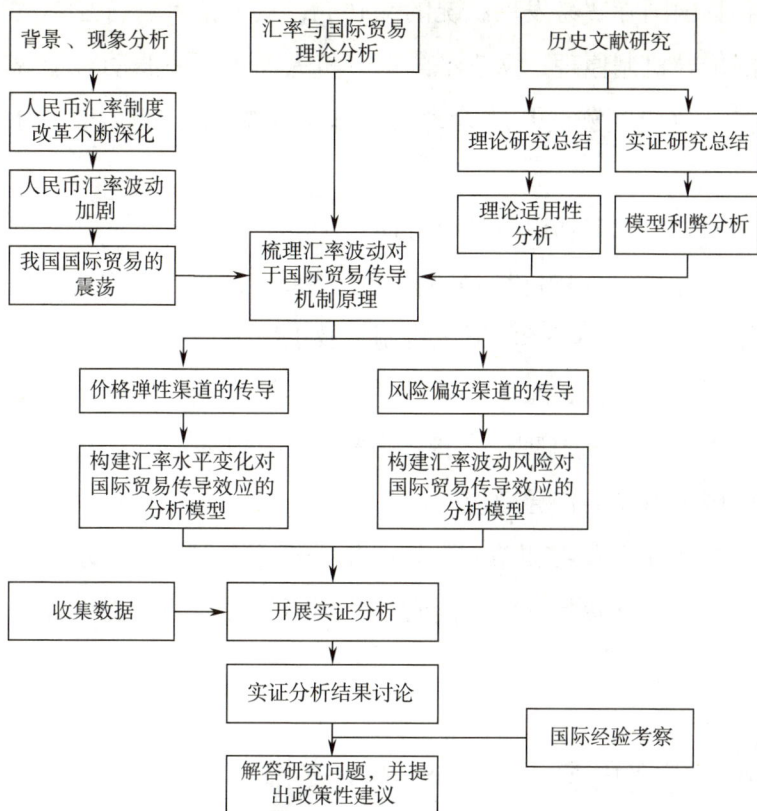

图 1-1 研究思路流程

第五,基于汇率对于国际贸易的传导机制原理,并结合前期相关研究经验,构建适用于我国情况的实证研究模型。

第六,收集相关数据,基于研究模型,合理运用计量经济学方法开展实证分析,对实证研究结果进行讨论,明确人民币汇率波动对于我国国际贸易的传导效应及其产生原因和政策含义。

第七,对本书进行全面地总结,基于研究结论,同时借鉴国际相关经验,围绕如何促进我国汇率制度的适时调整和我国国际贸易的健康发展给出科学合理且具有可操作性的政策性建议。

2. 研究目标

本书的总目标:借助于已有的汇率与国际贸易理论,在梳理汇率制

度演变和我国国际贸易发展状况的基础上，从理论上探讨汇率波动对国际贸易的传导机制原理，从实证角度分析人民币汇率波动对于我国国际贸易的传导效应，解读其政策含义，基于此提出合理、可行的政策性建议。

本书的分目标包括以下三个方面：

（1）汇率波动对国际贸易的传导机制原理研究，从主流的汇率、国际贸易理论入手，对汇率的形成机制以及汇率波动对于国际贸易的传导机制进行深入地探讨，厘清传导机制的基本原理。

（2）基于传导机制理论，构建分析模型，实证分析人民币汇率波动对于我国国际贸易的传导效应。

（3）对实证分析结果进行解读，根据汇率与国际贸易理论，结合我国汇率制度和国际贸易现状，同时参考国际相关经验，提出合理的政策性建议。

1.4　研究内容、方法与结构安排

1. 研究内容

本书的研究内容主要包括以下三个方面：

（1）对该领域研究的历史、现状和发展趋势以及相关的理论进行全面总结，对主流的汇率和国际贸易理论进行深入分析，基于此梳理出汇率波动对国际贸易的传导机制原理，确定本书的研究方法，形成本书的概念框架。

（2）基于本研究的概念框架，建立分析模型，应用计量经济学方法实证分析人民币汇率对我国国际贸易的传导效应，明确在当前的汇率制度下，人民币汇率波动是如何影响我国与其主要贸易伙伴的进口、出口贸易以及我国国际贸易的总体情况，进行横向、纵向的比较分析。

（3）根据实证研究结论，结合我国汇率政策、国际贸易现状，参考国际经验，提出科学、合理、可行的政策性建议。

本书拟解决三个关键问题：一是明确汇率波动对于国际贸易的传导机制原理，二是明确人民币汇率波动对于我国国际贸易的传导效应，三是围绕如何促进我国汇率制度的适时调整和国际贸易的健康发展提出科学、合理、可行的政策建议。

2. 研究方法

本书结合汇率和国际贸易相关理论，梳理汇率波动对国际贸易产生的影响效应，明确传导机制的基本原理。在理论铺垫的基础上，构建实证研究模型，选取切实可测量的变量，合理地使用计量经济学方法对我国实施更灵活的汇率制度后，人民币汇率波动对于我国进出口贸易总量以及我国同主要国际贸易伙伴之间的进出口贸易的影响进行实证分析。通过实证分析，明确人民币汇率波动对我国国际贸易的传导效应及其政策含义。最后通过进行纵向和横向的比较分析，参考国际经验，提出对于完善人民币汇率政策以及我国国际贸易政策的合理建议。本书中主要采用的研究方法有以下几个方面。

（1）对比分析法

本书在进行理论与实证分析时，大量运用对比分析法去进行横向、纵向的比较分析，找出同类事物之间的异同，认清事物的本质和规律，并给出合理的评价。对比分析法的运用主要体现在：不同汇率制度之间的对比分析、我国汇率制度改革不同阶段情况的对比分析、我国国际贸易发展不同阶段的对比分析、我国国际贸易情况与主要发达国家情况的对比分析、汇率对于我国与10个主要贸易伙伴进出口贸易影响情况的对比分析、汇率对于我国贸易总量和贸易分量影响的对比分析、汇率对于出口贸易和进口贸易影响的对比分析等。

（2）理论分析法

本书采用了理论分析法对主流的汇率与国际贸易理论进行深入研

究，基于这些理论，梳理出汇率波动对于国际贸易的传导机制原理，并进行数学推导，为实证分析打下理论基础。明确了实证分析的切入点，即从汇率水平变化对国际贸易的影响和汇率波动风险对于国际贸易的影响两个方面入手，来实证分析人民币汇率波动对于我国国际贸易的传导效应。对于实证分析结果，本书运用汇率与国际贸易理论对其进行解读。

（3）VAR 模型

为分析人民币汇率与我国进出口贸易总量之间的作用关系，本书构建了包含汇率、我国经济情况、贸易情况、价格水平四变量的向量自回归（VAR）模型及其向量误差修正模型（VECM）。之所以选择 VAR 模型方法，是因为 VAR 模型是一种纯计量经济学的非结构化建模方法，使用该模型来估计联合内生变量的动态关系，不需要带有任何事先约束条件，可以不必具有复杂的经济学理论作为支撑，回避了关于哪些变量应该作为外生变量的决策，模型变量选择的灵活性较强，可以适应变量之间的动态关系分析。本书中，分析汇率水平变化对于国际贸易影响的 VAR 模型简化表达形式见式（1-1）。

$$z_t = \sum_{i=1}^{p} \Phi_i z_{t-i} + H w_t + \delta_t \qquad (1-1)$$

对于出口贸易 VAR 模型：$z_t = \left[LX_t, LE_t, LY_t, LPx_t \right]'$

对于进口贸易 VAR 模型：$z_t = \left[LM_t, LE_t, LY_t, LPm_t \right]'$

在式（1-1）中，X_t 表示我国出口总额，M_t 表示我国进口总额，Px_t 表示我国出口价格水平，Pm_t 表示我国进口价格水平，E_t 代表人民币兑 SDR 汇率，Y_t 表示我国的总体经济情况。w_t 代表一个确定的外生向量，代表常数项、趋势项等确定项，v_t 是随机误差向量，Φ_i 和 H 是系数向量，p 为模型的滞后阶数。出于使变量趋势线性化的考虑，我们对模型变量进行了对数形式的转换，L 表示变量的对数形式，Δ 表示时间序列数据的一阶差分形式。

在模型分析的过程中，本书采用约翰森协整关系检验（Johansen Cointegration Test）判断模型变量之间的长期协整关系；采用格兰杰因果性检验（Granger Causality Test）对变量之间的格兰杰因果关系进行分析；通过广义脉冲响应函数（Generalized Impulse Response Function，GIRF）和方差分解技术（Variance Decomposition）检验一个变量变化所带来的冲击作用对其他变量以及模型整体的影响及贡献度，进而对变量之间所存在的政策性影响进行分析。

（4）GARCH 模型

在分析人民币汇率波动风险对我国国际贸易的传导效应时，为准确估计人民币汇率波动风险，本书引入了广义自回归条件异方差（GARCH）模型。该模型是一个专门针对金融数据所量体定做的回归模型，除去和普通回归模型相同之处，GARCH 模型对误差的方差进行了进一步地建模，特别适用于波动性的分析和预测。在本书中，应用该方法可以准确地得出反映汇率风险的汇率波动时间序列。使用 GARCH (p, q) 模型计算汇率波动的公式为式（1-2）和式（1-3）：

$$e_t = \delta_0 + \delta_i e_{t-i} + u_t \tag{1-2}$$

$$V_t = h_t^2 = \alpha_0 + \sum_{i=1}^{q} \alpha_i u_{t-i}^2 + \sum_{i=1}^{p} \beta_i h_{t-i}^2 + v_t \tag{1-3}$$

式中，e_t 表示汇率，V_t 表示汇率波动，它是式（1-1）残差的平方，是具有时变性质的条件方差，反映汇率的波动性。对于不同的汇率时间序列数据，可能采用不同的 p 和 q 设定，本书使用最大似然法（Maximum Likelihood）对式（1-2）和式（1-3）进行测算，p 和 q 的值的选择取决于最显著的滞后期期数。

（5）ARDL-ECM 模型

本书在分析人民币汇率波动风险对我国国际贸易的传导效应时，基于贸易理论构建了基本的贸易模型，包含进出口贸易额、汇率波动、进出口产品相对价格、外国收入等变量。本书通过该贸易模型分析汇率波动所带来的汇率风险以及相对价格、贸易伙伴的经济情况对进出口贸易的影响作用。

出口贸易模型：

$$LX_t = a_0 + a_1 LPw_t + a_2 LY_t + a_3 V_t + \varepsilon_t \qquad (1-4)$$

式中，$Pw_t = Px_t / P_t^*$。

进口贸易模型：

$$LM_t = \beta_0 + \beta_1 LPv_t + \beta_2 LY_t + \beta_3 V_t + \mu_t \qquad (1-5)$$

式中，$Pv_t = Pm_t / P_t^*$。

在式（1-4）和式（1-5）中，X_t 表示我国与贸易伙伴之间的出口额，M_t 表示我国与贸易伙伴之间的进口额，Px_t 表示我国出口单位价值指数，Pm_t 表示我国进口单位价值指数，P_t^* 是用本国货币表示的国外替代产品指数，Pw_t 是用本国货币表示的相对出口价格，Pv_t 是用本国货币表示的相对进口价格，Y_t 表示外国收入，反映贸易伙伴国家或地区的经济状况，L 表示变量的对数形式。

在本书中，我们发现通过 GARCH 模型得出的汇率波动时间序列是水平平稳的，而其他经济变量为一阶差分后平稳的。在这种情况下，为准确地进行模型估计，本书引入了自回归分布滞后（ARDL）协整检验方法，构建了自回归分布滞后误差修正模型（ARDL - ECM）。该方法的一个重要特性就是不必考虑回归项是水平平稳还是一阶差分后平稳，都可以进行模型估计，可以有效地避免虚假回归等问题，确保模型的稳健性，并能准确地计算变量之间的长期协整关系和短期的动态影响。根据本书对于出口、进口贸易模型的设定，ARDL - ECM 模型设置为如下形式：

出口模型：

$$\Delta LX_t = a_0 + a_1 t + \sum_{i=1}^{m} \alpha_i \Delta LX_{t-i} + \sum_{j=0}^{n} \beta_i \Delta LPw_{t-j} + \sum_{r=0}^{p} \delta_r \Delta LY_{t-r}$$

$$+ \sum_{s=0}^{q} \varphi_s \Delta V_{t-s} + b_1 LX_{t-1} + b_2 LPw_{t-1} + b_3 LY_{t-1} + b_4 V_{t-1} + \tau_t \qquad (1-6)$$

进口模型：

$$\Delta LM_t = c_0 + c_1 t + \sum_{i=1}^{m} \gamma_i \Delta LM_{t-i} + \sum_{j=0}^{n} \eta_i \Delta LPv_{t-j} + \sum_{r=0}^{p} \mu_r \Delta LY_{t-r}$$

$$+ \sum_{s=0}^{q} \phi_s \Delta V_{t-s} + d_1 LM_{t-1} + d_2 LPv_{t-1} + d_3 LY_{t-1} + d_4 V_{t-1} + \xi_t \qquad (1-7)$$

在式（1-6）和式（1-7）中，a_0 和 c_0 为常数项，$a_1 t$ 和 $c_1 t$ 为时间趋势项，τ_t 和 ξ_t 为白噪声误差，Δ 表示变量的一阶差分形式。

（6）其他方法

本书在分析我国与主要贸易伙伴贸易往来情况时，引入了出口/进口紧密度指数（Export/Import Intensity Index），该指数表示的是我国在各国进出口贸易中的重要程度。i 国的出口、进口紧密度指数 IX、IM 的计算公式分别如式（1-8）和式（1-9）所示

$$IX_{ij} = (X_{ij}/X_i) / \{ M_j / (M_w - M_i) \} \qquad (1-8)$$

$$IM_{ij} = (M_{ij}/M_i) / \{ X_j / (X_w - X_i) \} \qquad (1-9)$$

式中，X_{ij}/X_i 表示 j 国在 i 国总出口额中的占比，$M_j/(M_w - M_i)$ 表示世界除 i 国外各国的进口总额中 j 国的占比；M_{ij}/M_i 表示 j 国在 i 国总进口额中的占比，$X_j/(X_w - X_i)$ 表示世界除 i 国外各国的出口总额中 j 国的占比。如果出口或进口紧密度指数大于1，可以说明两国贸易关系紧密，否则不紧密。

此外，本书在实证分析中，还应用了大量的其他统计检验方法，如采用增广迪基—富勒（ADF）检验去对时间序列数据的平稳性进行检验，采用 LM 序列相关性检验、White 异方差检验、Jarque - Bera 正态性检验、Ramsay RESET 检验对模型残差项进行诊断检验，引入 AR Roots 检验、递归残差累积和（CUSUM）和递归残差平方累积和（CU-SUMSQ）检验来分析模型的稳定性，使用普通最小二乘法（OLS）的回归方法进行部分模型变量系数的估计等。

3. 本书结构安排

根据研究思路和研究目标，本书在写作结构上作出了如下安排：

第一，根据论著写作基本规范的要求，在本书第一部分导论中，着重介绍本书的选题依据、国内外该领域的研究现状、研究思路、研究目标、研究内容、研究方法，以及本书主要创新点、不足之处和有待进一步研究的问题。对本研究领域前期不同年代和不同经济学家的研究侧重点、模型设定、分析方法和最新的进展情况进行了回顾，对前期文献进行了综述，为后续的研究做好铺垫。

第二，本书的第二部分介绍了汇率制度的演变和我国国际贸易的发展。该部分中，我们阐述了国际和国内汇率制度演变以及我国国际贸易发展的经验事实，厘清汇率制度的主要类型，它们之间的联系与区别，以及处在不同的制度框架下汇率的形成机制和特点。同时，对我国国际贸易的发展进行回顾，了解基本的发展历程、不同时期的发展特点、当前的国际地位以及存在的主要问题，为后面关于人民币汇率变化对我国国际贸易的传导机制和传导效应的研究奠定基础。

第三，在本书的第三部分，我们对汇率与国际贸易关系这一研究领域的主要理论进行了回顾，包括国际借贷学说、购买力平价学说、国际收支的弹性分析法、IS－LM－BP模型、国际收支调节的吸收论、货币主义汇率理论以及汇率资产组合分析理论。这些理论反映了该领域理论研究的发展历程，理论基于的假设条件不同、分析的侧重点也不尽相同。基于此，我们梳理出汇率对于国际贸易的基本传导机制原理，并在本书的第四部分进行了数学推导和理论分析，我们认为理论上，汇率主要是通过价格弹性渠道和风险偏好渠道这两个路径将自身的变化传导到国际贸易活动上，两个渠道影响的加总，即为汇率对于国际贸易的主要传导作用，该部分的分析为后续的实证研究提供理论依据。

第四，在经验事实分析和理论分析的基础之上，本书在第五部分和第六部分分别构建实证分析模型研究了汇率水平变化以及汇率波动所带来的汇率波动风险对我国国际贸易的影响作用，本书通过实证分析，了解了人民币汇率水平的变化对我国进出口贸易总量会产生怎样的影响，人民币汇率波动风险如何影响我国与美国、日本、韩国、德国等10个主要贸易伙伴的进出口贸易，明确了其中的政策含义。基于实证分析结果，我们发现：一是人民币汇率波动对于我国国际贸易的传导效应主要表现为汇率波动风险对于国际贸易的影响作用。人民币汇率波动风险在一定程度上会对我国的国际贸易，特别是对出口贸易带来不利的影响。二是人民币汇率水平的小幅度变化不会对国际贸易产生明显的影响，我国国际贸易不易受到进出口产品相对价格变动的冲击；但是，人民币大幅地贬值或者升值，会对我国国际贸易的健康发展带来不利的影响。三是随着我国进出口贸易产品结构的不断升级，人民币国际化水平的日趋提高，人民币汇率波动对于我国国际贸易的影响会有增强的趋势，这需要我们加以密切关注。

第五，在本书的第七部分，我们总结了本书的相关结论，同时对国际相关经验进行了分析，围绕如何进行我国汇率制度的适时调整和促进我国国际贸易的健康发展提出了在宏观和微观层面上具有现实可操作性的政策性建议。

1.5 研究创新与不足

1. 研究的创新

本书在严谨求实的基础之上力求创新，通过收集大量的文献、数据资料，开展大量的理论与实证分析，提出了一些具有一定参考意义的结论和观点，本书的创新之处在于以下几个方面。

第一，本书借助于数学推导与证明，从汇率水平和汇率波动风险两个方面系统性地解释了汇率波动如何对国际贸易产生影响的机制原理，弥补了以往理论层面上的研究不足。在本书中，我们基于汇率与国际贸易理论，从汇率水平和汇率波动风险两个方面解释了汇率波动如何对国际贸易产生影响的机制原理，并进行了相关的数学推导与证明，为实证分析打下良好的理论基础；而前期国内相关问题的研究往往只关注实证层面上分析，理论层面上的讨论不够，本书在这一方面给出了有益的补充。

第二，全方位、多口径地实证分析了汇率波动对我国进出口贸易的影响，拓宽了研究范围。本书在理论分析的基础上，建立了条理清晰的实证分析框架，从汇率水平变化和汇率波动风险两个角度出发，较为全面地就汇率波动如何影响进出口贸易进行了实证分析，同时考虑了我国的总量贸易情况，以及我国与美国、日本、韩国、俄罗斯、印度、马来西亚等10个主要贸易伙伴的分量贸易情况。贸易伙伴不仅包含发达国家，也包括发展中国家和新兴经济体，横向的比较分析有助于我们得到具有普遍性的结论。以往大多数学者关于人民币汇率波动影响的实证研究均为单口径的分析，即主要关注汇率水平变化或汇率波动风险对出口贸易的影响，且缺乏对于进口贸易的分析，以及对于总量和分量贸易情况的综合考量。此外，前期相关研究往往着眼于讨论我国与少数几个贸易伙伴的贸易情况，集中于分析我国对美国、日本等发达国家出口贸易情况，缺少进行全面地比较分析。

第三，本书在研究方法上进行了新的尝试。该领域前期研究中，进行脉冲响应分析时多数学者采用的是正交脉冲响应函数，该方法依赖于模型变量的乔莱斯基分解次序，如果分解次序设置不当，将严重影响模型的分析结果。本书采用了较新的广义脉冲响应函数（GIRF）来分析模型变量之间的动态作用关系，该方法较之传统正交脉冲响应函数的优势在于它可以有效规避乔莱斯基分解次序设置上的问题，从而确保分析结果的准确性，GIRF方法在现有国内相关领域的研究文献中少有使用。此外，在分析汇率波动风险的影响分析时，本书采用了较新的自回归分布滞后（ARDL）协整检验方法。该方法的一个重要特性就是不必考虑回归项是水平平稳还是一阶差分后平稳，都可以进行模型估计，可以有效地避免虚假回归等问题，这种包容性是传统的协整检验方法难以实现的，它为许多前沿的方法论提供了一个实用的研究平台。

2. 研究的不足

第一，理论上进出口贸易产品的结构会影响进出口贸易总体的属性，对于不同行业或者不同产品，汇率波动对其进出口贸易的影响可能不同，但由于客观条件所限，本书没有分行业或细化到具体产品来对此问题进行讨论。研究汇率波动对不同行业或者主要进出口商品贸易的影响作用，可以为本书提供很有价值的补充，这将作为下一步的研究方向。

第二，与前期该领域的大部分实证研究一致，本书也是基于局部分析法的分析思路，在假设其他经济条件不变的情况下，重点关注于分析汇率波动对国际贸易的传导效应。但在现实中，其他因素也可能对国际贸易产生同期的影响作用。与此同时，贸易本身也可能对汇率波动带来一定的影响作用。对于这些问题，本书未能给出深入的分析，需要我们在以后的研究中加以进一步地补充和完善。

第三，汇率波动在短期、长期以及不同国家的进出口贸易上的影响存在一定的差异，其背后的原因包括风险偏好约束、金融市场发达程度、产业政策等多种因素，但每种因素具体的影响权重如何，本书未能给出具体的分析，这一点有待继续深入研究。

第四，由于汇率制度、国际贸易的不断演变发展，考虑到实证分析数据的时效性，本书研究结论仅限对现阶段的政策制定提供参考，对于人民币汇率政策以及我国国际贸易将来的发展需进行密切地跟踪。

2

汇率制度的演变及我国国际贸易的发展

研究人民币汇率波动对我国国际贸易的传导机制和传导效应，我们需要对国际和国内汇率制度的演变和发展进行总结，厘清汇率制度的主要类型，它们之间的联系与区别，以及处在不同的制度框架下汇率的形成机制和特点。同时，也很有必要对我国国际贸易的发展进行回顾，了解基本的发展历程、不同时期的发展特点、目前的国际地位以及存在的主要问题，这对于我们深入理解人民币汇率变化对我国国际贸易的传导机制和传导效应是大有裨益的。本章将为后面的各方面研究奠定基础。

2.1 国际汇率制度的演变和发展

研究人民币汇率制度，本书首先对主流的汇率制度理论进行简要地回顾。汇率制度（Exchange Rate Regime）指的是一个国家或地区有关汇率决定基础和调节方式的一系列制度性的规定和安排，对于确定、维持、调整与管理汇率的原则、方法、方式和机构等所作出的系统规定，也称作汇率安排（Exchange Rate Arrangement）。汇率制度是货币制度的重要组成部分，从传统的分类方式来看，汇率制度按照汇率变动的幅度可分为两大类型：固定汇率制度（Fixed Exchange Rate Regime）和浮动汇率制度（Floating Exchange Rate Regime）。固定汇率制度是将本国货币与其他国家货币的汇率加以固定，并把汇率波动的幅度控制在一定的较小范围之内的汇率制度。浮动汇率制度是指汇率完全由市场的供求机制来决定，而政府不加任何干涉的汇率制度。汇率制度对各国汇率的决定有重大影响。近50年来，伴随着国际货币制度的变化，国际汇率制度也发生了一系列的重大变化。1973年布雷顿森林体系瓦解之前，国际上通行的是固定汇率制度，而在布雷顿森林体系瓦解之后，越来越多的国家放弃了固定汇率制度，转向更为灵活的汇率制度，从那时起，国际汇率制度进入了混合汇率制度的时期，汇率制度的重新选择是诸多国家所面临的重要金融问题。

20世纪90年代以来，频发的金融危机暴露了很多国家，尤其是新兴经济体国家的汇率制度问题。1992—1993年的欧洲货币危机爆发的主要原因之一便是欧盟各成员国货币政策的不协调，违背了欧盟国家联合浮动汇率制的要求。1994—1995年墨西哥金融危机爆发的主要原因之一是该国缺乏灵活性的汇率制度，固定的汇率制度无法满足该国经济发展的客观要求。1997—1998年的亚洲金融危机暴露出亚洲各国存在的共性问题是金融体系脆弱、宏观经济失衡、金融监管不力以及资本市场发育不健全，而这次危机给我们的一个重要教训就是固定的汇率制度如果操作不当，可能会带来巨大的经济损失。此外，1998—1999年的俄罗斯金融危机、1999—2000年的巴西金融危机同样证实了汇率制度缺乏灵活性所带来的危害。虽然金融危机的爆发是多种因素共同作用的结果，但是金融体系内部问题越来越成为金融危机爆发的直接原因。僵硬的汇率制度、脆弱的金融体系、宏观经济结构失调往往是金融危机产生的褴褛。因此，汇率制度的选择是一个国家或地区，尤其是新兴经济体，需要给予特别关注的问题。

1. 国际汇率制度的演变

（1）金本位制时期

金本位制（Gold Standard）是指以黄金为本位币的货币制度。在金本位制下，每单位的货币价值等同于若干重量的黄金（货币含金量）。当不同国家使用金本位时，国家之间的汇率由反映它们各自货币含金量之比的金平价（Gold Parity）来决定。金本位制于19世纪中期开始盛行。广义的金本位制包括三种制度，金币本位制（Gold Coin Standard）、金块本位制（Gold Bullion Standard）和金汇兑本位制（Gold Exchange Standard），其中金币本位制是金本位制最典型的形式；狭义的金本位制则单指这种货币制度形式。

金币本位制是金本位制最早的形式。金币本位制是牛顿最早提出的，并在英国最先实行。英国政府于1816年颁布了铸币条例，并在1819年取消了对金币融化和金条输出的限制，从那时起，英国实行了金本位货币制度。到了19世纪中期，金本位货币制度已在资本主义国家广泛实施，已具有国际性。由于当时英国在国际上举足轻重的经济地位，国际上形成了一种以黄金和英镑为核心的金本位制货币体系，一直持续到第一次世界大战前，核心国家包括英国、美国、德国、法国、荷兰、意大利、比利时、瑞士等。在此期间，主要西方国家通行金币本位体系下的固定汇率制度。金币本位制能维系下去的一个关键前提条件是黄金的自由流动，即黄金可以在国家之间自由地输入和输出。在第一次世界大战之前的几十年间，世界上主要强国的货币都可以与黄金进行兑换，金本位制主导着国际货币体系。金本位制下，货币本身是有价值的，黄金可以自由输出或输入国境，并在输出入过程中形成铸币—物价流动机制，这样，货币的供求就存在自动的调节机制，汇率的波动由于铸币平价以及黄金输送点的作用，被限制在有限的范围内，从而保持了汇率的相对稳定，以国际汇率制度为内生的固定汇率制度。然而，第一次世界大战爆发后，各国纷纷发行不兑现的纸币，停止了黄金的输入和输出，金币本位制的稳定性因素受到破坏，金币本位制宣告瓦解。

第一次世界大战之后，主要资本主义国家的经济情况逐渐恢复，并试图重新建立金币本位汇率制度，但是，金币的流通基础已经遭到了削弱。除了美国以外，其他大部分资本主义国家只能实行没有金币流通的金本位制度。在这种情况下，金块本位制和金汇兑本位制应运而生，这两种汇率制度属于不健全的金本位制。其中，金块本位制是一种以金块办理国际结算的变相的金本位制度，因此，也称作金条本位制。金块本位制与金币本位制的主要区别在于：一是金币虽然是本位货币，但是在国内不能流通，国内只流通银行券。二是不允许自由铸造金币，但仍旧规定了货币的标准含金量，并规定了黄金平价。三是银行券不能自由兑换金币，在国际支付或者工业生产方面需要时，可以按照规定向中央银行申请兑换金块，但有数量和用途方面的限制，如英国1925年规定金额在1 700英镑以上，法国1928年规定金额在215 000法郎以上才允许进行兑换。因此，金块本位制实质上是一种附有限制条件的金本位制。

金汇兑本位制是与金块本位制度同时出现的另一种货币制度形态，也称作虚金本位制。实行金汇兑本位制国家的货币一般与另一个实行金本位制或金块本位制国家的货币保持固定的比价，并在后者存放外汇或黄金作为平准基金，从而间接地实行了金本位制，是一种带有附属性质的货币制度。金汇兑本位制与金币本位制的主要区别在于：一是国内不能流通金币，只允许流通银行券，流通的银行券可以兑换外汇，但不能直接兑换黄金。二是本国货币与其他实行金本位制货币制国家的货币之间保持固定的汇率，并在本国存放外汇和黄金作为储备金，通过买卖外汇的手段来稳定本币与外币之间的汇率。在金汇兑本位制度下，一个国家虽然规定了货币的含金量，但流通中的货币不能与黄金进行自由兑换，黄金已不能发挥自发地调节货币流通的作用，使货币流通失去了调节机制和稳定的基础，从而削弱了货币制度的稳定性。当纸币流通量超过流通货币需求量时，货币便会贬值。如果一个国家为了弥补财政赤字而发行大量的纸币，将会导致通货膨胀、物价上涨，进而影响该国经济的发展。而实行金汇兑本位制度的国家，其货币与某一大国货币保持固定的比价，因此，其对外贸易和金融政策必然会受到与之相联系国家的货币政策的影响与控制。因此，金汇兑本位制度是一种被削弱了的、不稳定的金本位制度。

无论金块本位制或金汇兑本位制，实质上均削弱了的金本位制基本属性，故其稳定性较差。而这两种脆弱的汇率制度在经过1929—1933年世界经济危机的冲击后，最终全部崩溃，统一的国际金本位货币体系也随之瓦解。

（2）布雷顿森林体系时期

第二次世界大战之后一直到20世纪70年代初，国际汇率制度主要为布雷顿森林体系（Bretton Woods System）下的固定汇率制度。两次世界大战后，国际货币体系分裂成为几个相互竞争的货币集团，英国和美国分别基于本国利益的考虑，呼吁构建新的国际货币体系。英国提出了"凯恩斯计划"，美国则提出了"怀特计划"。在1944年7月召开的联合国国际货币金融会议上，美国、英国等44个国家商讨战后的世界贸易格局，鉴于美国在资本主义世界中的盟主地位，以及美国较强的黄金储备实力，各国共同签署了以美国的"怀特计划"为基础制定的《国际货币基金组织协定》和《国际复兴开发银行协定》，确立了以美元为中心的国际货币体系，即布雷顿森林体系，在该体系下，美元与黄金挂钩、国际货币基金组织会员国的货币与美元保持固定汇率。

布雷顿森林体系是以外汇自由化、资本自由化和贸易自由化为主要内容的多边经济制度，构成以美国为首的资本主义集团的核心内容，是按照美国利益制定的原则，用以实现美国经济霸权的经济体系。布雷顿森林体系的建立，促进了战后资本主义世界经济的恢复和发展。在布雷顿森林体系下，各成员国实行的是固定汇率制度，允许成员国对其汇率随时进行小幅调整，因此，这种汇率制度具有一些弹性汇率的特点。总而言之，从实质上来看，布雷顿森林体系下的固定汇率制度是一种可调整的钉住汇率制，同时兼有固定汇率制度和弹性汇率制度的特点。

然而，布雷顿森林体系这种以美元为中心的固定汇率制度存在一个难以回避的矛盾，即由美国经济学家特里芬（R. Triffin）在 20 世纪 60 年代所提出的"特里芬两难"（Triffin's Dilemma）。美元想要同时实现按固定官价兑换黄金和保证国际清偿能力这两种责任是相互矛盾的：美元供给太多会带来美元贬值的问题，供给过少又会带来美元国际清偿能力不足的问题。20 世纪 70 年代初，美国由于巨额财政赤字和信用的扩张，加速通货膨胀的发展模式，滞胀成为困扰美国经济、政治的最严重的问题，1972 年底，美国的短期外债达 810 亿美元，而美国的黄金储备只够抵偿八分之一，这使美国的国际收支信用下滑至谷底，国际金融市场掀起了大规模抛售美元买进德国马克、日元和瑞士法郎的风潮。布雷顿森林货币体系的正常运转与美元的信誉和地位密切相关，20 世纪 70 年代初美国政府推行的新经济政策引起了"尼克松震荡"（The Nixon Shock），美元在 1971 年和 1973 年的两次大幅贬值致使其作为本位货币的地位发生了动摇。

总之，布雷顿森林体系的建立稳定了战后国际金融市场，促进了战后资本主义世界经济的恢复和发展，但由于美国经济在 20 世纪 70 年代初的种种问题，以及该体系制度本身的矛盾性，最终导致了布雷顿森林体系于 1973 年崩塌瓦解，国际汇率制度随后进入了牙买加体系时期。

（3）牙买加体系时期

1972 年 7 月，国际货币基金组织成立了一个专门的委员会，具体研究国际货币制度改革的相关问题，并于 1974 年 6 月提出了《国际货币体系改革纲要》，该纲要对黄金、汇率、储备资产、国际收支调节等一系列问题提出了原则性的建议，奠定了货币制度改革的基础。在 1976 年，国际货币基金组织成员国签署了《牙买加协定》，并于 1978 年 4 月 1 日正式生效，自此，国际货币制度进入了牙买加体系时期。《牙买加协定》的主要原则：推行黄金非货币化、浮动汇率合法化、国际货币基金组织特别提款权（SDR）可作为国际储备资产、增加成员国的储备基金份额、扩展对发展中国家的信贷额度。

牙买加体系确立了以美元为主导的多元化国际储备体系，多元化的储备结构为国际经济提供了多种清偿货币，较大程度上解决了供不应求的矛盾，促进了国际收支调节。浮动汇率制度取得了合法化的地位，赋予了成员国在汇率制度选择上的自由，承认固定汇率制与浮动汇率制并存的局面，为各国的经济发展创造了更多的灵活性和独立性。同时，该协定决定逐步使黄金退出国际货币，国际货币基金组织对各国货币汇率政策实行严格监督，并协调成员国的经济政策，促进金融稳定，缩小汇率波动范围。

在牙买加体系下，多种汇率制度并存，不同汇率制度各有优劣。浮动汇率制度可以为国内经济政策提供更大的活动空间与独立性，但会增加外汇风险，在一定程度上会抑制国际贸易与投资活动。固定汇率制则减少了本国企业可能面临的汇率风险，便于进行生产与核算，有利于经济稳定发展，但是无法发挥调节国际收支的经济杠杆作用，维持固定的汇率将牺牲内部的经济平衡，不利于国内经济的健康发展。大部分发达国家选择了更为灵活的浮动汇率制度，而发展中国家大多采用了钉住汇率制度。同时，国际货币体系也呈现出区域货币合作发展的特征。自此，国际货币体系的发展更趋向于市场化、区域化、自由化、复杂化。

2. 现阶段国际汇率制度的分类

自第一次世界大战以来，学术界关于汇率制度的讨论一直没有间断过。在20世纪50年代，关于汇率制度的争论主要集中于固定汇率制度和浮动汇率制度。以英国经济学家凯恩斯（J. M. Keynes）为代表的一派学者认为固定的汇率制度有利于一个国家经济的发展，而以美国经济学家弗里德曼（M. Friedman）为代表的另一派学者认为浮动汇率制度优于固定汇率制度，灵活的汇率可以促进贸易和整体宏观经济的稳定性，而短期的汇率波动不会对国际贸易造成影响，采用浮动汇率政策对一个国家的经济是有益的。

20 世纪 60 年代，美国经济学家蒙代尔（R. A. Mundell）提出的最优货币区理论，结合了固定汇率和浮动汇率制度的特点，允许在特定的区域内采用固定汇率制度，而在区域之外采用浮动汇率制度，为汇率制度的安排提出了一个新的方向。而特里芬在 60 年代提出的"特里芬两难"揭示出用某单一货币作为本位货币的矛盾，揭示出美元本位制将会垮台，国际汇率制度将出现多元化的局面。

20 世纪 70 年代之后，虽然越来越多的国家开始采用更灵活的汇率机制，但灵活的汇率机制不代表采用完全独立的浮动汇率制度。美国经济学家威廉姆森（O. E. Williamson）在 1965 年提出的爬行钉住汇率理论和 1985 年提出的汇率目标区理论开启了学术界对于介于固定汇率和独立浮动汇率之间的，允许汇率在一定范围内波动的和在一定的区间内爬行的，诸如爬行汇率、钉住汇率这样的中间汇率制度的研究。美国经济学家克鲁格曼（P. R. Krugman）在 1991 年提出的基本目标区理论及模型引发了学术界对该领域的深入研究。

在 20 世纪 80 年代之后，关于主流汇率制度的争论逐渐由早期的固定、浮动汇率之争转向为中间与两极之争。在国际汇率制度随后的发展中，产生了一种 BBC 型（Basket，Band and Crawl，篮子、区间和爬行）即有管理的浮动汇率制度体系，它是由一篮子货币钉住汇率制、爬行钉住汇率制和限幅浮动汇率制组合而成的复合汇率制度。这种汇率制度属于有管理的浮动汇率制度，也可以称作爬行区间汇率制度，它同时具有钉住汇率制度的稳定性、可控性以及浮动汇率制度的灵活性、抗冲击性。对于发展中国家来说，由于普遍缺乏完善的金融市场和相关配套制度，不适合采用独立浮动汇率制度，因此有管理的浮动汇率制度体系深受发展中国家青睐，我国目前也采用此种汇率制度。

表 2 - 1　　　　　　　　　国际货币基金组织汇率制度安排分类

大类	小类	说明	国家个数	代表性国家（地区）
固定汇率制度（硬钉住，Hard Peg Arrangements）	没有独立的汇率制度（Exchange Arrangements Within No Separate Legal Tender）	完全服从货币权威国家或组织的管理，如美元化和货币联盟国家	13	厄瓜多尔、津巴布韦、科索沃、帕劳、巴拿马、黑山、基里巴斯、图瓦卢等
	货币局制度（Currency Board Arrangements）	政府以立法形式规定本币与某一货币之间可以以固定比率进行无限制兑换	12	中国香港、文莱、多米尼克、保加利亚、立陶宛、吉布提等
中间汇率制度（软钉住，Soft Peg Arrangements）	传统的固定钉住汇率制度（Conventional Fixed Peg Arrangements）	按照固定比率钉住单一货币、货币篮子或者特别提款权（SDR）	43	沙特阿拉伯、卡塔尔、阿联酋、阿曼、丹麦、拉脱维亚、土库曼斯坦、斯威士兰、斐济、尼泊尔、摩洛哥、科特迪瓦等
	稳定化的汇率制度（Stabilized Arrangements）	对单一货币或货币篮子的即期汇率波动能稳定在 2% 的范围至少 6 个月	16	伊拉克、越南、埃及、黎巴嫩、柬埔寨、马其顿、乌克兰、安哥拉、阿塞拜疆、特立尼达和多巴哥等
	爬行钉住汇率制度（Crawling Peg Arrangements）	视通货膨胀情况，允许货币逐渐升值或贬值	3	尼加拉瓜、波斯瓦纳、玻利维亚
	类似爬行汇率制度（Crawl - like Arrangements）	定期或不定期进行小幅度地调整，事先公布调整比率，半年内变动不超过 2%	12	中国、克罗地亚、阿根廷、埃塞俄比亚、牙买加、哈萨克斯坦、乌兹别克斯坦、卢旺达、海地、突尼斯、多米尼加共和国等
	钉住平行汇率带汇率制度（Pegged Exchange Rate Within Horizontal Bands）	围绕一个固定的中心汇率允许货币在 1% 范围以上的平行带浮动	1	汤加
	其他有管理的汇率制度（Other Managed Arrangements）	包括其他各类有管理的中间汇率制度	24	瑞士、俄罗斯、马来西亚、新加坡、白俄罗斯、苏丹、利比亚、伊朗、新加坡、阿尔及利亚、孟加拉、尼日利亚、马拉维、哥斯达黎加等

续表

大类	小类	说明	国家个数	代表性国家（地区）
浮动汇率制度（Floating Regimes）	浮动汇率制度（Floating）	很大程度上由市场决定，没有可预测的路径，外汇干预可以是直接的或间接的	35	巴西、土耳其、冰岛、匈牙利、韩国、印度、印度尼西亚、蒙古、南非、泰国、哥伦比亚、毛里求斯、加纳等
	自由浮动汇率制度（Free Floating）	汇率完全由市场决定，干预只是在市场无序的条件下偶尔发生，6个月内最多有3次干预	31	美国、日本、英国、德国、法国、意大利、加拿大、澳大利亚、瑞典、挪威、芬兰、荷兰、比利时、奥地利、西班牙、葡萄牙、卢森堡、爱尔兰、希腊、捷克、波兰、以色列、墨西哥、智利等
其他汇率制度（Residual Category）	其他汇率制度	汇率制度没有满足其他任何标准时使用	—	—

资料来源：《国际货币基金组织关于汇率安排和汇率管制的报告（2012）》（2012 *IMF Report on Exchange Arrangements and Exchange Restrictions*），2012 年 4 月发布。

　　从各国实践经验上来看，不存在通用的汇率制度，各国根据本国特定的政治、经济等多方面的条件来选择适合自身经济发展的汇率制度，这就引致了目前多种汇率制度长期共存的局面。根据国际货币基金组织（IMF）基于实际的分类方法对于汇率制度的分类，目前的汇率制度可分为固定汇率制度、中间汇率制度、浮动汇率制度、其他四大类。其中，中间汇率制度和浮动汇率制度目前在国际汇率制度体系中占据主流的地位。按照国际货币基金组织的分类，包括美国、英国、日本、加拿大、澳大利亚、新西兰、瑞典、挪威、欧洲货币联盟国家（德国、法国、比利时、卢森堡、奥地利、芬兰、爱尔兰、荷兰、意大利、西班牙、葡萄牙）等在内的发达资本主义国家采用的是浮动汇率制度中的自由浮动汇率制度，我国的汇率制度属于中间汇率制度中的类似爬行汇率制度，具体参见表2-1。

　　总之，纵观国际汇率制度的演变和发展，国际汇率制度逐渐由固定或浮动的汇率制度演变为固定、中间、浮动多种汇率制度并存的状态，呈现出多元化的发展趋势。新兴经济体、发展中国家偏向于采用汇率波动性不强的中间汇率制度，发达国家倾向于采用灵活浮动的汇率制度，而特殊的、政治经济独立性不强的或者欠发达国家或地区更倾向于采用固定的汇率制度。

2.2　人民币汇率制度的演变和发展

　　为顺应我国经济发展的需要，人民币汇率制度自1949年新中国成立以来，历经了一系列的变革，按照汇率制度改革的深化程度，可以将其概括性地分为四个阶段：1979年之前为汇率制度的第一阶段，在这一时期内，我国采取高度集中的计划经济管理模式，实行单一固定的汇率制度；1979—1993年为第二阶段，在此阶段，我国采用外汇上缴和外汇留成体制基础上的计划经济和市场经济相结合的管理模式，汇率制度为双轨制；之后，随着我国市场经济的发展，汇率制度进入第三个阶段，1993—2005年我国采用基于售汇制的以供求关系为基础、市场调节为主的管理模式，汇率制度为固定单一钉住美元的汇率制度；2005年7月之后，人民币汇率制度改革进一步深化，步入了新的阶段，汇率制度更为灵活，采用以市场供求关系为基础，参考一篮子货币进行调节，有管理的浮动汇率制度。伴随着人民币汇率制度的演变，人民币兑美元的汇率经历了升值—贬值—再升值的历史过程（如图2-1所示）。

　　1. 1949—1979年，计划经济下的固定汇率制度时期

　　1979年以前，改革开放和发展市场经济的相关政策尚未出台，我

人民币/美元

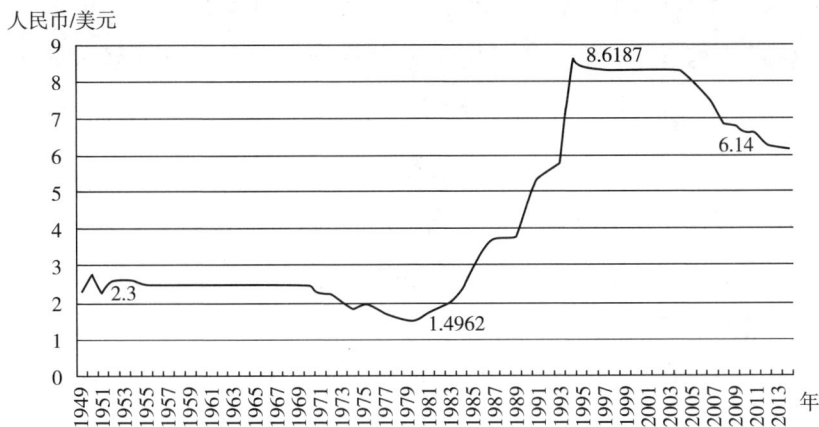

图 2 - 1　1949—2014 年人民币兑美元汇率变化历史走势

国实行的是高度集中的计划经济，国际贸易由国家统一经营，国内物价长期维持稳定水平。在这种条件下，人民币汇率制度采用单一的固定汇率制度，人民币汇率固定，且由政府按照一定的规则来制定。汇率作为编制计划和经济核算的标准，是计划经济的调节工具。在高度集中的计划经济框架下，人民币汇率与对外贸易的联系并不密切，只有在国外货币贬值或升值时做相应地调整，市场机制对汇率的作用微乎其微，汇率水平无法真实有效地反映外汇供求情况，影响整个对外贸易的发展（朱鲍华，2007）。新中国成立初期，1949 年 1 美元兑人民币的汇率为 2.3，之后 20 年一直维持在这样一个水平上。这种状态在 20 世纪 70 年代发生了变化，人民币兑美元汇率逐渐升值到 1.49∶1。在这样的汇率水平下，人民币汇率处于严重高估的状态。因此，我国实行改革开放和发展社会主义市场经济，确定人民币合理的汇率水平，发挥汇率作为经济杠杆的作用，势必要对固定的人民币汇率制度进行改革，建立一个有管理的浮动汇率制度，以满足我国经济发展的需要。

2. 1979—1994 年，经济转轨背景下的汇率双轨制时期

1979 年，我国逐渐进入了改革开放和经济转轨的发展时期，而当

时的人民币严重高估现象无法适应进出口贸易的发展，人民币汇率体制改革迫在眉睫。1979 年 3 月，国家外汇管理局成立，全面管理人民币外汇交易业务。之后的 13 年间，我国先后经历了两个阶段的汇率双轨制时期，并实行外汇留成制度。第一阶段是官方牌价汇率与贸易外汇内部结算价并存的时期（1981—1984 年），官方牌价汇率主要应用于旅游、保险、运输等劳务项目和经常转移项目下的侨汇等外汇结算科目，而贸易外汇内部结算价仅限于进出口贸易的外汇结算。第二阶段是官方牌价汇率与外汇调剂市场汇率并存的时期（1985—1994 年），在此期间，官方牌价汇率用于贸易结算和非贸易兑换，取消了外汇内部结算价，改变了由我国银行开展外汇调剂业务的模式，在深圳成立外汇调剂中心，通过外汇调剂补充出口亏损，促进进口增长。实行汇率双轨制后，我国国际贸易收支明显好转，外汇储备有所增加，人民币长期偏离正常价值的情况在一定程度上得到了改善，在这 13 年间，人民币兑美元汇率逐渐贬值到 1993 年的 5.76:1。然而，人民币汇率在名义上虽然是单一汇率，但实际上是两种汇率的并存，汇率作为经济杠杆的作用并没有得到有效地发挥。人民币存在两种价格和核算标准，不利于外汇资源的有效配置和企业之间的公平竞争，无法满足发展市场经济的需要，影响我国经济与国际接轨。汇率双轨制作为一种计划经济转向市场经济过渡时期的产物，它的存在有一定的必然性，但终会随着我国市场经济改革的深化而被取代。

3. 1994—2005 年，经济快速发展背景下的钉住美元时期

为适应经济发展的需要，我国政府于 1994 年 1 月进行了外汇体制改革，实行银行结售汇制度，废除了人民币汇率双轨制和外汇留成制度，同时建立了以市场供求为基础的、单一的、有管理的浮动汇率制度。企业和个人按规定向银行买卖外汇，银行进入银行间外汇市场进行交易，形成市场汇率。中央银行设定一定的较小的汇率浮动范围，并通过调控来保持人民币汇率稳定。人民币官方汇率与外汇调剂价格正式并

轨，并将人民币兑美元的汇率定为 8.27:1，比之前官方汇率 5.7:1 一次性贬值三分之一。这样一来，在国际上，我国商品价格优势更加显著，刺激了我国出口导向型经济的发展。与此同时，在人民币贬值和改革开放政策的铺垫下，我国吸引了大量外国投资，促进了我国出口贸易的同时抑制了进口贸易，改善了国际收支情况。在之后的近 10 年间，我国经济经历了持续、快速地发展，汇率改革起到了积极的作用。从实际操作上来看，人民币汇率制度是钉住美元的固定汇率制度，这种钉住单一货币的汇率制度存在一些弊端，无法满足我国社会主义市场经济深化发展的要求，主要体现在以下几个方面：一是钉住美元的汇率制度，容易受到美元波动的牵连，不利于我国货币政策的执行，并影响外汇储备的保值和增值。二是固定的汇率制度无法很好地满足市场对外汇调整的需求，操作不当的话，会对宏观经济的内外部均衡带来不良影响。三是钉住汇率制度不利于我国经济、贸易的长远发展，钉住美元，势必要受到美元汇率的制约，美元汇率的波动会波及人民币的汇率，我国经济的发展速度远快于美国，而从长远来看，我国经济的发展更应立足于相对独立的汇率制度。

4. 2005 年之后，汇率制度发展的新阶段

我国经济的高速发展对人民币汇率制度带来了新的挑战，2000 年以后，经常项目和资本项目双顺差持续扩大，国际间贸易摩擦进一步加剧，人民币面临升值压力。我国政府面对内外部的双重压力，于 2005年 7 月 21 日对汇率形成机制进行了进一步的改革，结束了与美元挂钩的汇率制度，开始实行以市场供求为基础、参考一篮子货币进行调节、有管理的浮动汇率制度。此次改革坚持主动性、可控性和渐进性的原则，改革的主要内容是人民币与美元脱钩，汇率不再单一盯住美元，而是按照我国对外经济发展的实际情况，选择若干种主要货币，赋予相应的权重，组成一个货币篮子。同时，根据国内外经济金融形势，以市场供求为基础，参考一篮子货币计算人民币多边汇率指数的变化，对人民

币汇率进行管理和调节。

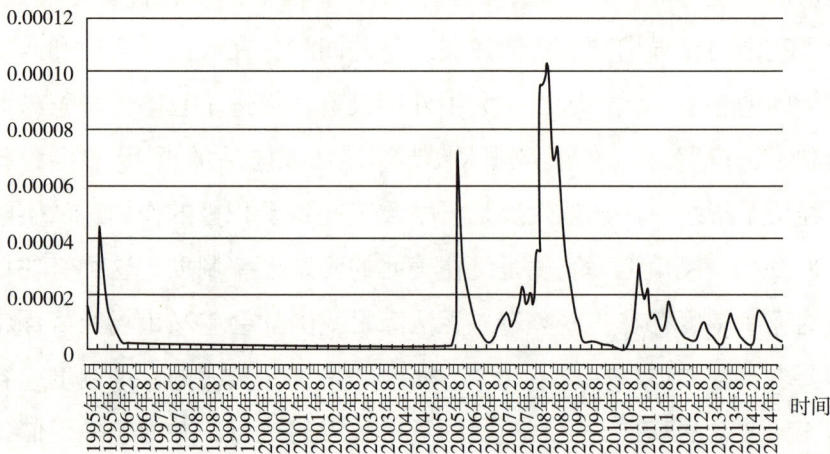

资料来源：WIND 数据。

图 2 - 2　人民币兑美元汇率波动情况

从基于 GARCH 模型所得出的人民币兑美元汇率波动趋势图（见图 2 - 2）中可以看出，在 2005 年 7 月这个汇率制度调整时点上，人民币汇率出现了显著的波动。在 1994 年到 2005 年之间，由于采取的是盯住美元的汇率制度，因此汇率走势比较平稳，而人民币汇率的波动性在 2005 年 7 月的汇率制度改革之后显著加强，汇率制度的调整明显见效，人民币与美元脱钩，其汇率有了自己独立的浮动，从真正意义上实现了向浮动汇率制度的转变。在 2005 年 7 月之后，我国政府对人民币汇率制度又进行了数次调整，中国人民银行于 2010 年 6 月宣布将要进一步推进人民币汇率形成机制改革，增强人民币汇率的弹性，从趋势上来看，人民币汇率允许浮动的区间逐渐增加，汇率浮动更加灵活。即便国际货币基金组织将人民币汇率制度归为类似爬行的中间汇率制度，但其具有的浮动汇率制度特征越来越明显。面对外界的压力，在 1994 年之后，人民币稳步升值，人民币兑美元年度平均汇率已由 1994 年的 8. 62∶1 升值到 2014 年的 6. 14∶1。

人民币汇率制度的发展是具有渐进性的，伴随着我国与全球经济金融的融合日益紧密，市场对人民币跨境使用的需求不断增强，人民币在跨境贸易和投资及金融市场中的作用也在不断地提升。为了适应这种发展趋势，人民币国际化势在必行。人民币国际化是指人民币能够跨越国界，在境外流通，成为国际上普遍认可的计价、结算及储备货币的过程。尽管目前人民币在境外的流通并不等于人民币已经实现了国际化，但人民币在境外流通的扩大最终必然导致人民币的国际化，使其成为世界性的流通货币。

人民币国际化进程主要体现在地域的国际化进程以及货币职能的国际化进程，从地域的国际化上来看，人民币首先是在周边国家实现自由流通，之后发展为区域化货币，进而逐步实现在全球范围内的自由流通；从货币职能的国际化上来看，人民币首先也是先成为周边国家的结算货币，之后成为区域性的投资货币，最终成为国际性的储备货币，被世界各国所广泛接受。人民币国际化不是一蹴而就的行为，任何一种货币实现国际化，必须经历一个长期的发展过程。首先，人民币需要在未来的5～10年成为能被广为接受的国际结算货币。其次，在人民币成为国际结算货币的基础上，逐步放开资本项下的管制，使人民币成为国际投资货币，而这一过程也将需要5～10年的时间来渐进性地实现。最后，在人民币成为国际结算货币和国际投资货币的前提下，人民币将演变发展成为国际性的储备货币，进而真正意义上实现人民币的国际化。

人民币国际化的积极意义在于三个方面：一是有利于保障我国经济的平衡发展。人民币国际化可有效控制外汇储备的增长，缓解汇率压力，促进中国与其主要区域及资源伙伴国之间经济与贸易平衡协同发展。二是有利于我国经济存量的保值。如果人民币在对外经济贸易中能更广泛地作为结算货币，那么我国国内企业须承担的外汇风险就会更低，政府经营外汇储备的压力也会大为缓解。三是有利于提高我国政治经济的国际话语权。人民币国际化之后，成为被广为接受的结算货币，将增加我国在国际贸易中的影响力，可以提高我国政府汇率政策的主动性和灵活度，促进人民币成为国际储备性货币，进而提高我国在全球政治经济活动中的话语权。

在人民币国际化的进程中，2005年7月人民币汇率制度改革后，我国又相继实施了若干会直接或者间接地增强人民币汇率灵活性、推进人民币国际化的举措，人民币国家化的主要进程详见表2-2。这些举措主要有：多次调整人民币对美元即期交易价格浮动幅度，增大了允许人民币汇率自由浮动的范围；建立香港、澳门、广东、长三角、北京、天津、山东、辽宁、广西、云南等20余个跨境贸易人民币自由结算试点；与韩国、马来西亚、印度尼西亚、白俄罗斯、阿根廷、中国香港等多个国家和地区签署外汇互换协定；积极推动将上海建设成为国际金融中心；积极推动"一带一路"发展战略的实施；积极推进人民币加入国际货币基金组织特别提款权（SDR）；等等。因此，从长期的发展上来看，人民币汇率制度的灵活性有逐渐增强的发展趋势，基于本书的关注点分析，我们认为人民币汇率的波动性也将会随着人民币国际化进程的加快而不断增强。

表2-2　　　　　　　　　　人民币国际化进程主要事件一览表

时间	事件
2015年8月11日	中国人民银行宣布，将进一步完善人民币汇率中间价报价，自2015年8月11日起，做市商在每日银行间外汇市场开盘前，参考上日银行间外汇市场收盘汇率，综合考虑外汇供求情况以及国际主要货币汇率变化向中国外汇交易中心提供中间价报价。报价方式完善有利于人民币汇率中间价更好地反映市场供求形势，是人民币汇率市场化改革的重要一步，同时为人民币加入国际货币基金组织特别提款权（SDR）创造了条件。
2015年6月27日	中国人民银行称将进一步推进利率市场化和人民币汇率形成机制改革，疏通货币政策传导渠道。
2015年1月21日	中国人民银行与瑞士国家银行签署合作备忘录，将人民币合格境外机构投资者（RQFII）试点地区扩大到瑞士，投资额度为500亿元人民币。
2015年1月	我国政府继续推动将人民币纳入国际货币基金组织特别提款权（SDR）货币篮子之中。

续表

时间	事件
2014 年 12 月	环球同业银行金融电讯协会（SWIFT）发布数据称，人民币已于 2014 年 11 月取代加拿大元和澳大利亚元，成为全球第五大支付货币，全球占有率约为 2.17%，仅次于美元、欧元、英镑和日元。此前一年左右人民币一直位居全球第七。
2014 年 9 月	经中国人民银行授权，中国外汇交易中心宣布在银行间外汇市场开展人民币对欧元直接交易。
2014 年 7 月	我国取消银行对客户美元挂牌买卖价差管理，市场供求在汇率形成中发挥更大作用，人民币汇率弹性增强，汇率预期分化，中国人民银行基本上退出了常态外汇干预。
2014 年 6 月	经中国人民银行授权，中国外汇交易中心宣布在银行间外汇市场开展人民币对英镑直接交易。
2014 年 3 月	经中国人民银行授权，中国外汇交易中心宣布在银行间外汇市场推出人民币对新西兰元直接交易，这将有利于形成人民币对新西兰元直接汇率。
2014 年 3 月	银行间即期外汇市场人民币兑美元交易价浮动幅度由 1% 扩大至 2%，外汇指定银行为客户提供当日美元最高现汇卖出价与最低现汇买入价之差不得超过当日汇率中间价的幅度由 2% 扩大至 3%。
2013 年 10 月	2013 年 9 月和 10 月由我国国家主席习近平分别提出建设"新丝绸之路经济带"和"21 世纪海上丝绸之路"的战略构想，即"一带一路"战略。我国政府统筹国内各种资源，强化政策支持。推动亚洲基础设施投资银行筹建，发起设立丝路基金，强化中国—欧亚经济合作基金投资功能。推动银行卡清算机构开展跨境清算业务和支付机构开展跨境支付业务。积极推进投资贸易便利化，推进区域通关一体化改革。"一带一路"战略的实施，将进一步推进人民币国际化。
2013 年 10 月	环球同业银行金融电讯协会（SWIFT）发布的报告显示，8 月人民币已超越瑞典克朗、韩国韩元及俄罗斯卢布，成为全球第八大交易最活跃的货币，市场占有率提高至 1.49%。
2013 年 4 月	经中国人民银行授权，中国外汇交易中心宣布完善银行间外汇市场人民币对澳大利亚元交易方式，在遵循市场原则的基础上开展人民币对澳大利亚元直接交易。
2012 年 5 月	经中国人民银行授权，中国外汇交易中心宣布完善银行间外汇市场人民币对日元交易方式，发展人民币对日元直接交易。
2012 年 4 月 14 日	中国人民银行决定自 4 月 16 日起，扩大外汇市场人民币兑美元汇率浮动幅度。银行间即期外汇市场人民币兑美元交易价浮动幅度由 5‰ 扩大至 1%，外汇指定银行为客户提供当日美元最高现汇卖出价与最低现汇买入价之差不得超过当日汇率中间价的幅度由 1% 扩大至 2%。

续表

时间	事件
2011年6月21日	中国人民银行公布了《关于明确跨境人民币业务相关问题的通知》，正式明确了外商直接投资人民币结算业务的试点办法，成为推进人民币跨境流动的又一重大举措。
2011年5月7日	82家俄罗斯银行设人民币账户，中国银行俄罗斯分行尝试人民币国际化。
2011年4月22日	中国人民银行将跨境贸易人民币结算试点年内扩至全国，继续开展资本项下跨境人民币业务试点。
2011年4月1日	人民币对外汇期权交易正式推出，为企业和银行提供更多的汇率避险保值工具。
2011年2月	美国财政部公开称人民币汇率"被大幅低估"，但拒绝将中国列为汇率操纵国。
2011年1月	中国人民银行"一号文件"允许获得批准的境内企业采用人民币进行境外直接投资。
2010年12月	俄罗斯在莫斯科挂牌人民币对卢布交易，该国成为人民币在境外挂牌交易的第一个国家。
2010年11月	我国国内银行间市场开办人民币兑俄罗斯卢布交易。
2010年8月	经中国人民银行授权，中国银行间外汇市场推出人民币对马来西亚货币（林吉特）交易，马来西亚林吉特成中国首个询价非美货币。
2010年6月	结算试点地区范围将扩大至沿海到内地20个省区市，境外结算地扩至所有国家和地区。
2009年7月	包括中国人民银行、财政部在内的六部门发布跨境贸易人民币结算试点管理办法，我国跨境贸易人民币结算试点正式启动。
2009年4月8日	我国在上海市和广东省内四城市开展跨境贸易人民币结算试点。
2009年4月2日	中国人民银行和阿根廷中央银行签署双边货币互换协议。
2009年3月23日	中国人民银行和印度尼西亚银行宣布签署双边货币互换协议，目的是支持双边贸易及直接投资以促进经济增长，并为稳定金融市场提供短期流动性。
2009年3月11日	中国人民银行和白俄罗斯共和国国家银行宣布签署双边货币互换协议，目的是通过推动双边贸易及投资促进两国经济增长。
2009年3月9日	中国人民银行行长助理郭庆平介绍，国务院已经确认，人民币跨境结算中心将在香港进行试点。具体的试点方案和办法目前还在研究，尚未出台。
2009年2月8日	我国与马来西亚签订的互换协议规模为800亿元人民币/400亿林吉特。
2008年12月25日	国务院决定，将对广东和长江三角洲地区与港澳地区、广西和云南与亚细安的货物贸易进行人民币结算试点；此外，中国已与包括蒙古、越南、缅甸等在内的周边八国签订了自主选择双边货币结算协议，人民币区域化的进程大步加快。

续表

时间	事件
2008 年 12 月 4 日	我国与俄罗斯就加快两国在贸易中改用本国货币结算进行了磋商；12 日，中国人民银行和韩国银行签署了双边货币互换协议，两国通过本币互换可相互提供规模为 1 800 亿元人民币的短期流动性支持。
2008 年 7 月 10 日	国务院批准中国人民银行三定方案，新设立汇率司，其职能包括"根据人民币国际化的进程发展人民币离岸市场"。
2007 年 6 月	首只人民币债券在香港登陆，此后内地多家银行先后多次在香港推行两年期或三年期的人民币债券，总额超过 200 亿元人民币。
2007 年 5 月 21 日	中国人民银行宣布将人民币兑美元汇率日波动区间从 0.3% 扩大至 0.5%。
2006 年 1 月	中国人民银行在银行间即期外汇市场上引入询价交易方式，并保留撮合方式，在银行间外汇市场引入做市商制度。
2005 年 8 月 9 日	中国人民银行扩大外汇指定银行远期结售汇业务和开办人民币与外币掉期业务。
2005 年 7 月 22 日	中国人民银行宣布将于每个工作日闭市后公布当日银行间外汇市场美元等交易货币对人民币汇率的收盘价。
2005 年 7 月 21 日	我国将历时十年的与美元挂钩的制度改为参考一篮子货币进行调节、有管理的浮动汇率制度。人民币一夜之间升值 2.1%，汇率为 1 美元兑 8.11 元人民币。
2001 年 12 月 11 日	我国与 2001 年 12 月 11 日正式加入世界贸易组织。在加入世界贸易组织后，我国开始逐渐放松资本管制，但国际社会日益施压，促使我国让人民币更快升值以帮助平衡全球贸易，进而产生了人民币持续升值的局面。
1996 年 12 月	我国允许用于贸易的人民币与外币完全可兑换，但对买卖外币进行贷款和投资仍有规定和限制。
1994 年 1 月 1 日	我国将双重汇率制度改为单一汇率制，将 1 美元兑换 5.8 元人民币的官方汇率调整为当时通行的 1 美元兑 8.7 元人民币的市场汇率。
1993 年 5 月 25 日	美国财政部在一份递交给国会的报告中将我国列为汇率操纵国。1993 年 9 月和 1994 年 7 月我国均被美国置于汇率操纵国名单上。

资料来源：新华网、新浪财经、环球人物网①。

总之，随着我国经济在国际上影响力的逐渐增强，以及我国主动推动人民币国际化、区域化战略的实施，近年来，人民币离岸市场以及结

---

① 新华网，http：//news. xinhuanet. com/fortune/2012－04/15/c_ 122982109. htm；新浪财经，ht-tp：//finance. sina. com. cn/focus/internationalRMB/；环球人物网，http：//www. hqrw. com. cn/2015/0814/33759. shtml。

算系统建设在逐步推进，人民币在东北亚、东南亚的一些国家或地区已成为被广为接受的结算货币，在未来很有可能成为国际性的结算货币。从美元、欧元、日元等国际结算货币的经验来看，成为国际结算货币之后可能会带来更大的汇率波动风险，目前的汇率制度很可能将无法满足人民币国际化的客观要求。人民币国际化之后，作为国际结算货币将会更多地参与国际贸易，会使得我国经济与世界经济的联系更加紧密，国际金融市场的变化会对我国国内经济金融产生一定的影响作用，同样也会加剧以套利为目的的短期投机性资本的流动，这些变化将对人民币汇率制度改革以及我国金融监管带来更为艰巨的挑战。

2.3　我国国际贸易发展现状分析

改革开放以来，我国在平等互利的基础之上积极与世界各国进行贸易往来，对外贸易取得了飞跃性的发展，成为我国经济的一个重要的增长点，对经济增长带来了巨大的贡献，我国从改革开放前的贸易小国跻身为位于世界前列的贸易大国。在 2001 年加入世界贸易组织之后，我国经济国际化的进程进一步加快，国际贸易的潜力得到了进一步的激发，加入世界贸易组织之后 10 年我国进出口增速是新中国成立以来最快的，也是同期世界上最快的。

从统计数据来看，改革开放前，我国 1978 年的进出口总额仅为 208 亿美元，世界排名第 32 位，与传统发达国家差距悬殊，仅占世界进出口贸易总额的 0.81%。经过 30 多年的发展，通过扩大对外开放、吸引外商外资、引进先进技术、产业升级等举措，增强了我国在国际市场上的竞争力，我国在国际上的贸易地位逐步提高，尤其是在 2001 年加入世界贸易组织之后，增长更为迅速，我国进出口总额在 2013 年首次超越美国位列世界第一，达到了 4.16 万亿美元，是 1978 年的 200 倍，远

亿美元

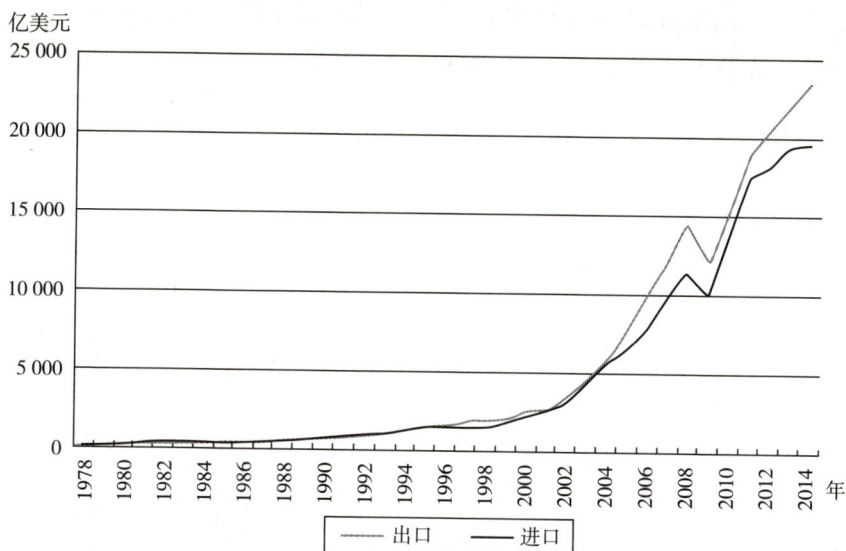

图 2-3 1978—2014 年我国进出口贸易发展

%

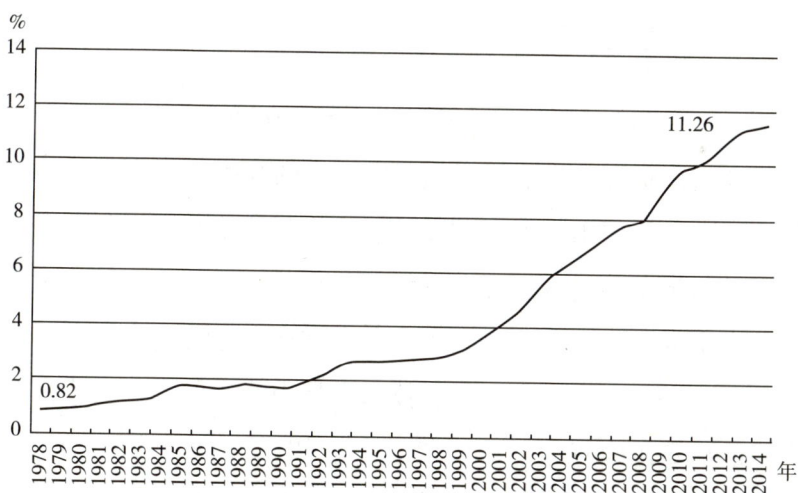

图 2-4 1978—2014 年我国在世界贸易中占比情况

超德国、日本、法国、英国等发达国家。2014 年，我国进出口贸易总额达到了 4.31 万亿美元，稳居世界第一的位置。其中，出口总额为 2.43 万亿美元，年均增长约 18%；进口总额为 1.96 万亿美元，年均增长约 17%。我国业已成为世界出口贸易第一大国，进口贸易第三大国，在世界贸易中占比由 1978 年的 0.81% 跃升至 2014 年的 11.26%，地位举足轻重。

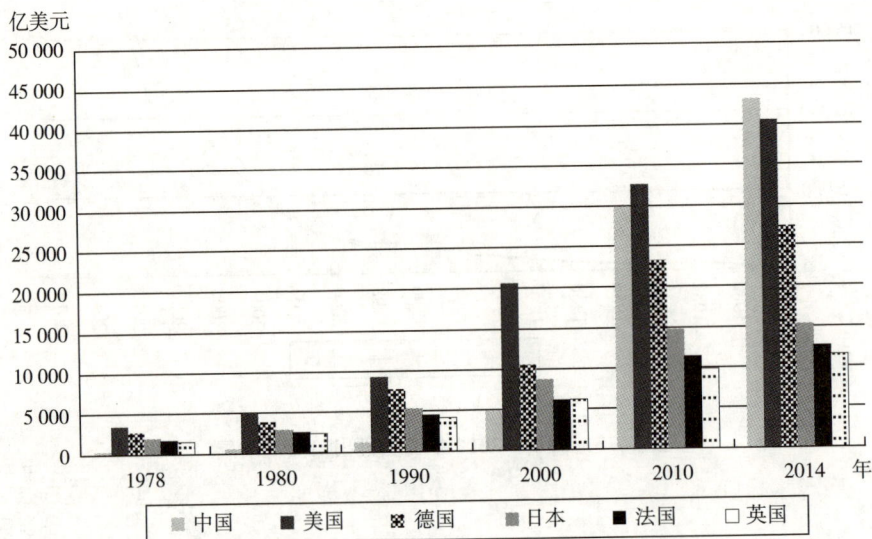

图 2-5　我国与主要发达国家国际贸易情况比较

我国进出口贸易总量取得了飞跃性增长的同时，贸易结构也发生了根本性的转变。我国出口商品在 20 世纪 80 年代实现了由初级产品为主向工业制成品为主的转变；在 20 世纪 90 年代实现了由轻纺产品为主向机电产品为主的转变；进入 21 世纪之后，随着我国经济的发展以及科技水平的不断进步，以电子和信息技术产品为代表的高新技术产品在出口总额中的比重越来越大。1980 年以来这 30 多年间，我国出口产品中，附加值较低的初级产品占比由 1980 年的 50.3% 下降到 2014 年的 4.8%，而附加值较高的工业制成品占比由 1980 年的 49.7% 增至 2014 年的 95.2%。从进口产品方面来看，随着我国生产力的逐步提高，科技水平的不断进步，产业结构的持续升级，我国进口产品的结构日趋优化。目前我国对于工业制成品、高科技机电及其他技术密集型产品进口依赖的局面将逐渐缓解，随着我国粗放型经济发展模式的转变，生产消耗型产品的依赖度也会降低，因此这些进口产品的价格弹性将提高，而对于价格弹性较高的服务型贸易，如金融服务、电信服务等的进口呈现增长的趋势。改革开放初期，我国外贸企业主要为国有企业，改革开放之后，外商投资企业和民营企业蓬勃发展，目前它们所占的进出口份额已经超过国有企业，并有望得到进一步的提升。

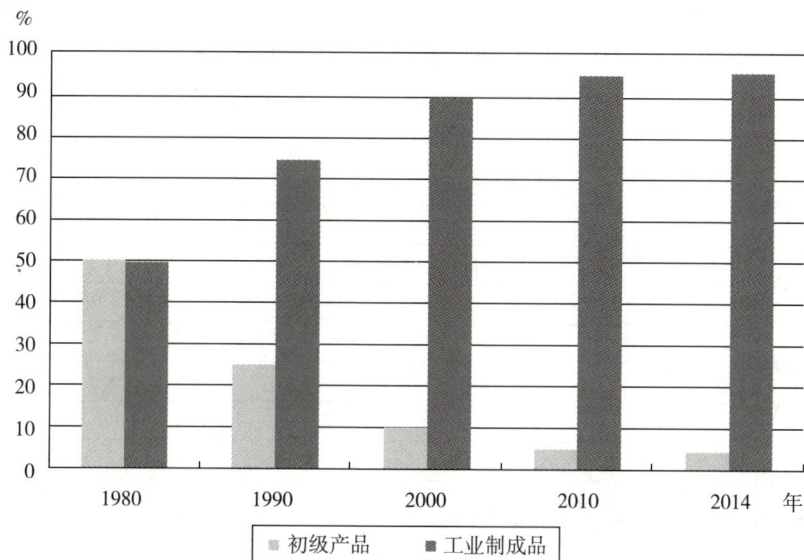

图 2-6　1980—2014 年我国出口贸易产品结构情况

我国的对外贸易可谓全方位发展的对外贸易。改革开放之后，我国与全球绝大多数国家和地区建立了贸易关系，贸易伙伴由改革开放前的几十个国家发展到目前 230 多个国家和地区。作为一个出口型国家，我国主要出口产品为电子产品、机械设备、服装、纺织、集成电路产品，主要出口贸易伙伴为中国香港、美国、日本、韩国、德国、荷兰，占出口总额比重分别为 17.4%、16.7%、6.8%、4.1%、3%、2.7%（2013年）；同时，作为一个进口大国，我国主要进口产品是燃料、金属矿石、电子产品、机械设备、光学设备、医疗设备、汽车和大豆，主要进口贸

易伙伴为韩国、日本、美国、澳大利亚、德国，占进口总额比重分别为
9.4%、8.3%、7.8%、5%、4.8%（2013 年）①。

我国国际贸易的跨越式增长使我国由 20 世纪 70 年代至 80 年代的
贸易逆差改变为 20 世纪 90 年代之后的贸易顺差。在 2003 年之后，我
国的贸易顺差持续快速增加，并在 2008 年达到 2 970 亿美元。2008 年
美国金融危机后，由于外部需求的减少，我国贸易顺差连续四年逐年减
少，2011 年约为 1 563 亿美元。2011 年之后，我国的贸易顺差再次进入
持续增长的过程，2014 年，我国的国际贸易顺差达到了 3 800 亿美元
（如图 2 - 7 所示），在国际上仅在德国之后，位列世界第二。

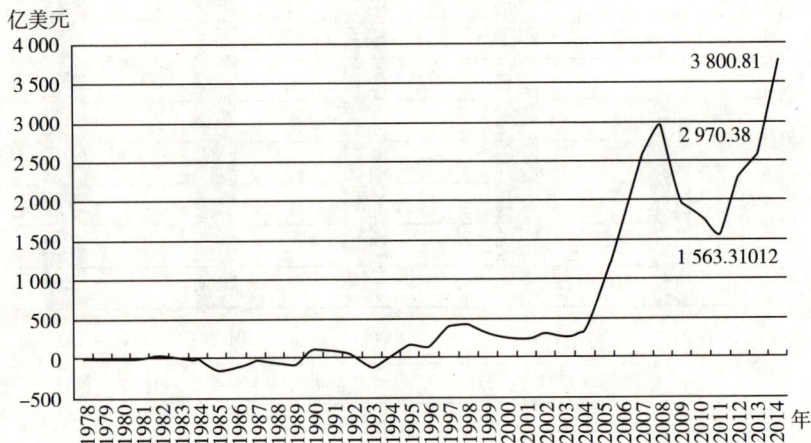

资料来源：国际货币基金组织 IFS 数据库。

图 2 - 7   1978—2014 年我国进出口贸易顺差

从产生我国国际贸易差额的源头上来分析，贸易顺差主要来自于我
国与美国和欧盟国家的贸易往来，而贸易逆差则主要来自日本、韩国、
中国台湾和东盟国家。贸易顺差的主要来源是外商投资企业和加工贸
易，占比60%以上。在经济全球化的背景下，越来越多的国际贸易由跨

---

① 资料来源：CIA World Factbook，2013。

国公司主导，根据分工的细化和规模经济的要求，开展基于价值链分工的产业内贸易和加工贸易。外商投资企业和加工贸易带来大量贸易顺差的同时，我国国有企业的进出口贸易则存在逆差。巨额的贸易顺差虽然大大改善了我国的国际收支情况，增强了我国抗外部风险的能力。然而，贸易顺差的急剧增加也为我国的经济带来了一些困扰：出口结汇人民币的大量投放增加了我国宏观经济调控的难度；贸易顺差的扩大导致我国与一些国际贸易伙伴的贸易摩擦增多；近年来欧美国家的量化宽松政策致使外币贬值，导致我国外汇储备的大幅缩水。为此，我国政府出台了若干卓有成效的举措来解决对外贸易发展中出现的不平衡问题，这些举措包括：调整经济结构、扩大内需，出台一系列扩大进口的政策，调整出口退税政策，扩大加工贸易禁止类的范围，促进加工贸易的升级转型，加快贸易法制化建设，以及于 2005 年 7 月调整人民币汇率制度，增强人民币汇率的灵活性。其中调整汇率制度这一举措实施后，人民币逐渐升值，自 2005 年 7 月至 2013 年 12 月底，人民币升值幅度超过了 25%，在此期间，人民币汇率波动在频度和幅度上较此前均有明显的增强。

从经济发展模式上来看，我国经济发展呈现出口导向型的发展模式，经济发展对于国际贸易的依赖性较强，我国对外贸易依存度[①]（Ratio of Dependence on Foreign Trade）指标快速增长，改革开放初期仅为 10% 左右，在 2004 年至 2007 年一度达到 60% 以上。伴随着我国经济的全方位发展、参与国际分工的深化、近年来人民币的持续升值以及我国国内市场的快速发展，目前该指标回落到约 41.54%（如图 2 - 8 所示），依然保持在较高的水平上，这说明了国际贸易的发展对于我国经济发展十分重要。然而，在对外依存度较高的状态下，我国经济很容易

---

① 对外贸易依存度是衡量一国国民经济对对外贸易依赖程度的一项重要指标，最普遍的计算方法是以该国对外贸易总额在该国国内生产总值（GDP）中所占的比重表示。资料来源：国际货币基金组织 IFS 数据库。

受到进出口贸易情况以及世界经济波动的影响，在全球经济萎靡的环境下，这更需要我们加以重视。

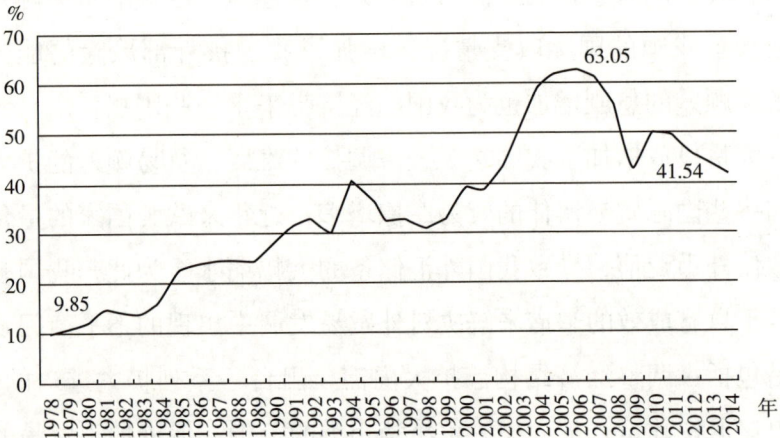

资料来源：WIND 数据。

图 2 - 8 1978—2014 年我国对外贸易依存度

综上所述，我国国际贸易在改革开放以来的 30 多年间取得了飞跃性的发展，出口贸易是我国经济增长和产业结构升级的重要拉动力量之一，进出口贸易与我国的经济增长之间有紧密的内在联系，具有相互的促进作用。我国进出口贸易的发展将促进相关产业的发展，提高国内就业水平，增加税收，扩大总需求水平。同时，我国通过参与国际分工，充分利用自身的比较优势，扩大优势产品的出口和劣势产品的进口，从而更好地优化资源配置，促进产业结构的升级和工业化的进程，提升生产效率，促进经济的增长，推动对外贸易实现更加平衡、协调和具有可持续性的发展，深化国际分工、协作，与贸易伙伴共同进步、共享繁荣，以期达成共赢的局面。

2.4　我国国际贸易发展中存在的问题

我们在总结我国国际贸易发展成就的同时，也应看清目前存在的不足，通过分析我国国际贸易发展中存在的问题为后续研究打下铺垫。

随着世界经济全球化步伐的加快，国际贸易竞争的激烈程度日益增强。在我国，人民币汇率制度改革的深化，人民币国际化进程的加快，增加了人民币汇率的不确定性。近年来，国际上不断发生经济、政治动荡，西方发达国家经济持续萎靡，贸易保护主义抬头，我国国内经济增速也在放缓（如图2-9所示）。在这样的背景下，我国国际贸易显现出一些问题，主要表现在以下几个方面。

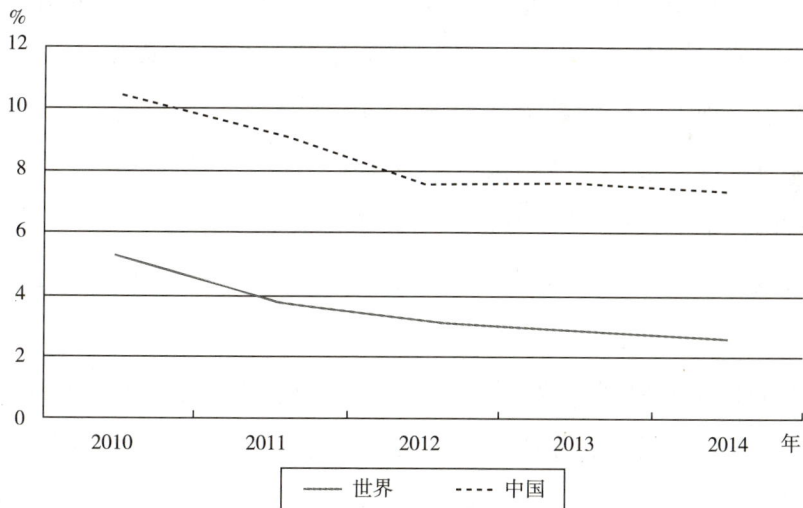

资料来源：WIND数据。

图2-9　2010—2014年我国和世界经济增速

1. 人民币升值以及劳动力、土地等综合成本的提高影响了我国出口产品的价格优势，国际竞争力有所下降

从目前来看，我国出口产品总体上还是以价格竞争为主。然而，近年来，人民币的持续升值，劳动力、土地等综合成本的不断提高削弱了我国出口产品的价格优势。2005 年 7 月汇率改革之后，人民币升值加快，人民币兑美元汇率已从 2005 年的 8.10∶1 升值到 2014 年的 6.14∶1，升值幅度超过 25%。伴随着我国经济的发展，劳动力、土地等综合成本也随之提高。就劳动力成本而言，以制造业为例，2008—2011 年间，城镇单位就业人员的平均工资、农民工的月收入一直保持着较快的增长速度，年增长率分别达到了 14.5% 和 15.0%①。就土地成本而言，2008—2013 年间，我国主要城市地价总水平持续上涨，综合地价由 2008 年的每平方米 2 474 元上涨到 2013 年的每平方米 3 349 元，年均增长率约 5.2%②。企业生产经营成本的提高和人民币的升值削弱了我国出口商品的价格优势，影响了出口商品的国际竞争力，2010 年以来，我国出口贸易增速呈现出下降的趋势（如图 2 - 10 所示）。

随着我国周边的一些国家工业化进程的加快，且这些国家生产成本低于我国，部分对成本较为敏感的劳动密集型产业和产品订单，如制鞋、服装等，出现了向越南、印度尼西亚、老挝、柬埔寨等周边国家转移的迹象，这需要我们加以密切关注。

2. 我国出口产业仍处于全球产业链的低端，消耗大、利润率低，抗外部冲击能力较弱，易受到贸易摩擦、技术性贸易壁垒的影响

我国进出口贸易总量虽然在 2013 年超越了美国，但迄今为止，仍然是一个发展中国家。出口产业从总体布局上来看仍处于全球产业链的低端，出口贸易的增长高度依赖于资源、能源、环境、劳动力等要素的

---

① 资料来源：中华人民共和国商务部：《中国对外贸易形势报告 2012 年秋季》。
② 资料来源：中华人民共和国国土资源部，http：//www.mlr.gov.cn/zwgk/qwsj/。

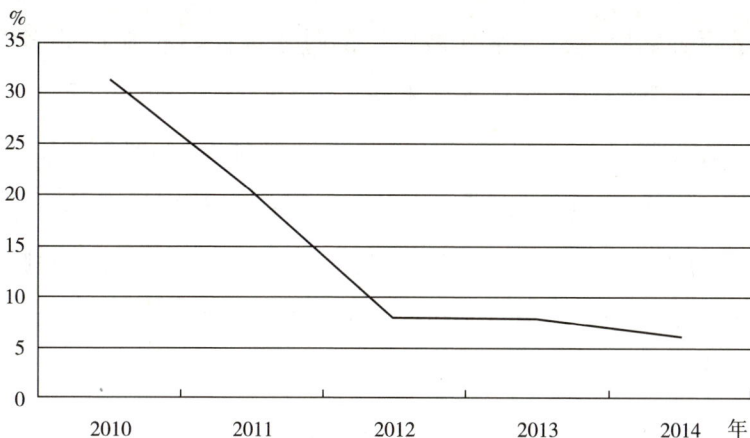

资料来源：WIND 数据。

图 2 - 10　2010—2014 年我国出口贸易增速

大量投入，耗费大量的自然资源，对生态环境带来严重破坏。与此同时，我国企业科技创新不足，研发能力较弱，自主知识产权占比不高，国际竞争力不强，在国际分工中充当着世界工厂的角色，利润率较低。我国这种薄利多销的比较优势很容易被打破，低端产业链更容易受到价格变动，其他发展中国家更低的劳动力成本以及西方国家贸易保护主义的影响。我国制造业利润水平令人担忧，资料显示①，我国制造业 500 强企业的平均利润率连续 6 年处于下滑状态，2014 年仅为 2.7%，仅为同期美国制造业企业利润率的 1/3。

近年来，来自发达国家和新兴经济体的贸易摩擦（Trade Friction）也在持续升温，随着我国制造业的快速发展，工业制成品的出口额快速增长，国际贸易顺差不断加大，这对发达国家和新兴经济体的制造业均带来了一定程度上的冲击，贸易摩擦频频发生。由于西方国家经济的下滑，贸易保护主义有抬头的趋势，我国难以避免地成为了全球贸易保护

---

① 资料来源：中国企业联合会，《2008 年至 2014 年中国制造业 500 强研究报告》。

主义的众矢之的。我国是现行反倾销措施的最大的受害国，针对中国的反倾销、反补贴以及特保案（特定产品过渡性保障机制）的案件数量、金额、涉案产品的品种均呈现出不断扩大的趋势。美国、欧盟对我国出口产品征收大量反倾销税、反补贴税等手段削减了我国的出口贸易收益，如美国 2014 年裁定对我国光伏产品征收反倾销税，最高税额达78.42%，欧盟 2011 年开始对我国铜版纸征收反倾销税和反补贴税，分别可达 35.1% 和 12%，这些贸易保护主义行为严重影响了我国出口企业的利润率①。

技术性贸易壁垒（Technical Barrier to Trade）同样对我国企业"走出去"带来了严重的负面影响。技术性贸易壁垒又称"技术性贸易措施"或"技术壁垒"，是以国家或地区的技术法规、协议、标准和认证体系等形式出现的，涵盖了科学技术、安全、环保、检疫、卫生、产品质量和认证等诸多领域的技术性指标体系。技术性贸易壁垒在当今国际贸易中，通常体现在灵活多变、名目繁多的技术法规、标准、制度上，常常会披上合法外衣，因此，成为当前国际贸易中最为隐蔽、最难对付的非关税壁垒。目前，技术性贸易壁垒已成为我国出口贸易发展的主要障碍之一。根据国家质检总局统计，2012 年，由于国外技术性贸易措施导致我国出口贸易直接损失高达 685 亿美元，约有 24% 的出口企业受到国外技术性贸易壁垒不同程度的影响②。目前，技术性贸易壁垒业已成为我国外贸企业面临的第一大非关税壁垒，覆盖面较广，不仅包括货物商品，还延伸到金融、信息等服务领域，影响了我国出口产品的国际市场占有率，对我国出口贸易带来了长期的负面效应，提高了我国的贸易成本，产生贸易争端，同时也在一定程度上导致了我国地区产业发展的不平衡。

---

① 资料来源：新浪财经，http://finance.sina.com.cn/stock/usstock/c/20141218/082621106295.shtml。
② 资料来源：人民网，http://finance.people.com.cn/n/2013/0730/c1004-22370732.html。

3. 我国对外贸易存在发展不均衡的问题

我国对外贸易发展的不均衡主要表现在以下几个方面。

一是贸易结构不均衡。加工贸易是我国主要的对外贸易方式，长期以来一直是我国出口贸易增长的主要来源，是我国对外贸易结构不均衡的主要体现。从2013年的对外贸易数据来看[①]，我国一般性贸易占进出口贸易总额的52.8%，加工贸易额占进出口贸易总额的32.6%，除去一般性贸易，加工贸易所占比重较大。在我国对外出口的工业制成品中，大部分是属于技术含量较低、附加值较低的劳动密集型产品，这类产品主要是进行简单的原辅料、零部件的加工和装配，占2013年出口贸易总额约20.9%。对于进口贸易，我国对于科技含量较高的机电产品和高新技术产品的进口依赖性仍较强，这两类产品2013年的进口贸易额分别占我国进口贸易总额的43.1%和28.6%。

二是地域发展不均衡。我国东部地区对外贸易发展迅猛，而中西部地区的发展速度近年来在西部大开发政策的鼓励下有所提高，但是总体发展水平仍显著滞后于东部地区。2013年，包括广东、江苏、山东、浙江、福建、北京、上海七个省（直辖市）在内的东部地区进出口总额达到3.29万亿美元，占当年全国进出口总额的79.0%；而中西部地区河南、安徽、陕西、重庆、甘肃、云南、贵州七个省（直辖市）的进出口总额仅为0.24万亿美元，占当年全国进出口总额的5.7%，由于地域发展的不均衡，我国中西部地区所具有的丰富自然资源和劳动力资源未能得以充分利用，加快中西部地区的开发，将为我国对外贸易的发展带来新的机遇。

三是企业性质不均衡。我国加入世界贸易组织之后，外商直接投资（FDI）呈增长的态势，由2001年的468.78亿美元增长到2013年的711.40亿美元[②]。在我国对外贸易中，外商投资企业占据了我国进出口

---

① 资料来源：中华人民共和国商务部：《2013年中国对外贸易情况》。

② 资料来源：新华网财经，http://news.xinhuanet.com/fortune/2014-09/09/c_1112404068.htm。

贸易额的大多数，而国有企业、民营企业占比相对较小。从 2013 年按企业性质分类的贸易数据来看①，外商投资企业出口贸易额达 1.04 万亿美元，占我国当年出口贸易总额的 47.3%；进口贸易额达 0.88 万亿美元，占当年进口贸易总额的 44.8%。在外商投资企业的贸易额中，外商独资企业占较大比重，分别占外商投资企业出口、进口贸易额的 72.4% 和 70.2%。相比外资企业，我国国有企业和民营企业在对外贸易中处于被动地位，国有企业 2013 年的出口贸易额为 0.25 万亿美元、进口贸易额为 0.50 万亿美元，分别占我国出口、进口总贸易额的 11.3% 和 25.6%；民营企业 2013 年的出口贸易额为 0.86 万亿美元、进口贸易额为 0.44 万亿美元，分别占我国出口、进口总贸易额的 39.1% 和 22.3%。我国贸易企业性质不均衡的这种局面压榨了我国企业的利润空间，不利于我国企业的发展，也容易使我国经济对外资产生依赖性。

4. 面对人民币汇率变化的新形势，我国企业对汇率风险的防范意识不够、管理手段单一

人民币在 2005 年 7 月与美元脱钩之后，汇率波动性显著增强，汇率波动所引发的不确定性会增加外贸企业的贸易风险。从西方发达国家外贸企业规避汇率风险的实践来看，合理地利用外汇期权、外汇掉期、货币掉期交易等金融衍生工具，合理地购买如出口信用保险等保险产品可以有效地规避汇率风险，实现锁定收益或固化成本的目的。但是，从目前国内的情况来看，我国企业对汇率风险的敏感度偏低，缺少风险防范意识和风险管理手段。

我国在 1994 年以前采用的是固定汇率制度，在 1994 年到 2005 年间实施的是钉住美元的汇率制度，人民币汇率波动较小，1994 年以来人民币长期处于升值的过程。在这种汇率相对稳定，且走势可预测的环境下，我国外贸企业未能培养、锻炼出较强的汇率风险防范意识。由于

---

① 资料来源：中华人民共和国海关总署，海关统计数据。

历史原因，国有企业在遇到问题时习惯于向政府求助，而民营企业往往缺少国际贸易方面、金融方面、外汇理财方面的专业性人才。因此，我国企业在进行外汇避险时，风险管理手段较为单一，主要依赖于不使用金融衍生工具的自然避险方法（如选择有利的计价货币、签订外汇保值合同条款、应收账款买断等），对于金融衍生工具的使用较少，且集中于使用远期结售汇、远期外汇买卖等最基础的汇率衍生工具。2008 年，《第一财经日报》对北京、上海、广东等地的 170 多家外贸企业进行了有关使用金融工具去规避汇率风险的抽样调查，调查结果显示，仅有5.4%的企业会去使用金融衍生工具来规避汇率风险[①]。张倩和冯芸（2014）的研究指出，过去 10 年间，从 A 股上市公司（不包括金融业和 ST 股）对外披露的财务年报信息中可以看出，只有约 5%的公司使用了金融衍生工具来进行套期保值，我国衍生品市场缺少有效的监管，企业对风险的认识不够，因不合理使用商品期货而导致重大损失的事件今年来频频发生。窦登奎和卢永真（2010）指出我国公司使用金融衍生工具的最初目的是为了进行套期保值，减少由于汇率风险带来的损失，但以投机为目的的行为逐渐显现。曹玉珊（2013）对我国上市公司进行套期保值情况的研究表明，我国企业使用金融衍生品进行风险防范的效果较弱。

　　在主要基于自然避险法或仅使用基础性金融衍生产品的避险模式下，我国企业避险成功的前提是对人民币汇率走势有着准确的预期，这在人民币持续升值的时期比较容易操作。而在我国实施更灵活的汇率制度之后，人民币汇率由单边升值预期转化为双向浮动，汇率的波动性明显增强。在这种形势下，我国企业对于人民币走势的判断更加困难，自然避险方法的效果将会大打折扣。因此，我国企业需要加大对灵活性更高的金融衍生工具、保险产品的合理使用，与此同时，我国也应进一步

---

① 资料来源：网易财经，http://money.163.com/08/0721/07/4HC28VRD002524SC.html。

健全金融衍生品市场，加强监管和指导，从而使我国贸易企业在人民币汇率波动风险逐渐增强的新形势下，有效地规避风险，这将有利于保持我国国际贸易的平稳发展。

2.5   小结

在本章中，我们首先从全球视野对国际汇率制度的演变和发展进行了总结。在第一次世界大战以前，世界上通行的汇率制度基于金本位固定汇率制度，第一次世界大战之后，主要发达国家在布雷顿森林体系框架下，逐渐转向美元本位的固定汇率制度。20 世纪 70 年代初，美元地位动摇，布雷顿森林体系崩溃瓦解，主要发达国家开始逐渐采用更为灵活的浮动汇率制度，国际汇率制度进入了牙买加体系时期。各国的汇率制度在经历了长期的发展过程之后，目前呈现多元化的状态，即浮动汇率制度、中间汇率制度、固定汇率制度并存的状态，大多数国家采用的是灵活性较强的浮动汇率制度或同时兼顾灵活性和主动权的中间汇率制度。美国、日本等重要经济大国实行独立浮动汇率，而大多数国家实行盯住汇率制度。盯住汇率制度实际上是一种间接的浮动汇率制度，被盯住货币发生波动时，实行盯住汇率的国家的名义汇率即使不变，但相对其他国家的汇率也会发生变动。因此，布雷顿森林体系崩溃后，世界汇率制度已从固定汇率转变为直接或间接的浮动汇率制度，这一制度安排转变的直接结果是各国汇率的波动性或不稳定性增大，各国汇率表现出比固定汇率时期更大的波动性。

其次，本章对我国 1949 年中华人民共和国成立以来汇率制度的演变进行了回顾。人民币汇率制度的演变经历了四个阶段：单一固定的汇率制度（1949—1979 年）；双轨制固定汇率制度（1979—1993 年）；固定单一钉住美元的汇率制度（1994—2005 年）；以市场供求关系为基础、参考一篮子货币进行调节、有管理的浮动汇率制度（2005年至今）。伴随着人民币汇率制度的演变，人民币兑美元的汇率经历了升值—贬值—再升值的这样一个变化过程。纵观人民币汇率改革历程，人民币在国际外部压力下，逐步升值，随着人民币汇率制度灵活性的不断提高以及人民币国际化进程的发展，人民币汇率波动性呈现出逐渐增强的趋势。

最后，本章对我国当代国际贸易的发展及其特点进行了介绍，对目前存在的主要问题进行了剖析。改革开放以来，我国国际贸易高速发展，2013年，我国进出口总额达到4.16万亿美元，位列世界第一，进出口贸易顺差达到了2 597.5亿美元，位列世界第二。国际贸易作为一个重要的经济增长点，与我国的经济发展有着紧密的内在联系，是我国经济腾飞的关键因素。然而，我国国际贸易高速发展的同时也暴露出诸如发展不均衡、不协调、不可持续等问题；我国出口贸易产业仍处于全球产业链的低端；人民币升值以及劳动力、土地等综合成本的提高影响了我国出口产品的价格优势；在人民币汇率变化的新形势下，我国企业的汇率风险防范意识不够、管理手段单一。因此，我国亟需转变国际贸易发展方式，优化资源配置，促进产业结构升级和工业化进程，鼓励自主创新，掌握核心技术，提升出口产品的综合竞争力，加强宣传指导，提高企业的风险意识，增强风险防范手段，进而实现我国国际贸易健康、可持续发展。

通过对前期汇率制度以及经济贸易发展情况的回顾和总结，我们知道经济全球化进程具有不可逆转的趋势。改革开放以来，中国在国际贸易领域利用自身劳动力成本低廉以及自然资源丰富的竞争优势，通过参与国际化分工，经济取得了快速发展。一方面，随着我国开放程度的扩大，中国经济对于国际贸易的依赖越来越强，进出口占GDP的比重，国际资本流动对实体经济的影响，以及其他经济体通过国际化的竞争对我国的影响也就越来越大；另一方面，在经过了30多年的发展后，我国的国际竞争力优势以及国际经济环境已经发生了变化，1997 年至 1998 年的亚洲金融危机以及 2008 年开始的美国次贷危机，都对我国的经济发展产生了深远的影响。汇率作为开放经济下的核心变量之一，不仅是一种比价，也是一种经济杠杆，与宏观经济运行的各方面有着深刻而复杂的联系；同时，汇率还关系到一国的对外经济活动，能直接和间接地对国际竞争力产生影响。

2005 年 7 月人民币与美元脱钩，加之近年来人民币国际化进程的加快，人民币汇率波动的特征显著增强，我国在进行国际贸易时将面临更大的汇率波动风险。作为一个出口导向型经济体和世界第一大贸易国，与过去相比，我国参与国际分工协作更加深入，与其他国家的经贸往来更为紧密，人民币汇率的波动、贸易额的震荡对于我国乃至世界经济会带来更多的不确定性。近年来，国际上不断发生经济、政治动荡，全球经济形势令人堪忧，西方国家贸易保护主义抬头，环境压力凸显、生产要素单位成本的提高等客观现实导致我国外贸企业的生产成本提高，削弱了我国出口产品的国际竞争力。我国经济增速放缓，投资增长后劲不足，国内经济在部分地区，如东北老工业基地、中西部地区，显现出萧条的局面。从目前人民币汇率制度改革的趋势来看，人民币汇率政策将进一步放宽，汇率浮动水平将进一步加大，那么，摆在我们面前的问题包括：人民币汇率波动是否也如同诸多实行浮动汇率制度的发达国家一样，对国际贸易产生了负面传导效应，影响力有多大？中国目前汇率制度该如何进行改进？基于这样一个出发点，本书将在后续部分中厘清人民币汇率波动对我国国际贸易的传导效应，研究如何通过完善人民币汇率制度来促进国际贸易的发展。

3

汇率与国际贸易理论述评

在经济全球化的大背景下，各个国家和地区之间的经济联系更加紧密，贸易往来更加频繁，而汇率作为联系贸易伙伴之间经贸关系的纽带，汇率波动对国际贸易的影响是学者们关注的热点问题。我国的汇率制度处在不断变革发展阶段，对外贸易又是我国目前重要的经济增长点，正确理解汇率对国际贸易的传导机制具有重要的现实指导意义。正如朱鲍华（2007）的研究所指出的，汇率波动的作用途径包括国际贸易、利率、对外直接投资、就业等多方面，汇率波动通过这些途径影响到一个国家的经济增长，各种传导途径并不是相互独立的，它们之间相互影响，整个汇率波动传导是一个动态的、长期的、复杂的过程。结合本书研究课题的目标，本书将重点关注汇率对于国际贸易的传导机制，深入分析主流的汇率与国际贸易理论，厘清汇率变化的原因，以及汇率对国际贸易传导机制的原理，从而指导本书进行实证分析模型的构建。本章中我们将对主流的汇率与国际贸易理论进行述评，为后续的理论分析打下基础。

3.1　国际借贷学说

国际借贷学说也称国际收支学说或外汇供求学说，它是第一次系统性地将汇率变化与国际贸易收支联系起来进行分析的理论，由英国学者戈申（G. J. Goschen）在 1891 年提出。国际借贷学说认为，汇率作为外汇的价格是由外汇的供给和需求产生的，而外汇的供给和需求是由国际借贷（International Indebtedness）关系产生的。因此，国际借贷之间的差额是影响汇率变化的主要因素。

为了说明国际借贷关系对于汇率变化的影响作用，国际借贷学说设定了如下假设条件：一是国际借贷关系包括国际贸易往来和资本的输入、输出，而国际贸易往来近似等于经常项目，那么，经常项目和资本项目的差额构成国际借贷差额；二是经常项目仅受进出口商品的供求关系和汇率影响；三是资本的流入和流出仅受本国和外国的利率水平以及未来的预期汇率影响；四是汇率由市场机制决定，政府不对汇率的形成进行干预；五是国际借贷关系可分为未进入实际支付阶段的固定借贷和已进入支付阶段的流动借贷，只有立即清偿的流动借贷会对汇率供求产生影响，因为固定借贷不会立即产生现金支付，流动借贷是狭义上的国际收支。因此，该学说也被称作国际收支学说。

基于这些假设条件，在一定时期内，如果一个国家的国际借贷差额中债务大于债权，那么这个国家对其他国家存在国际净债务，反之则存在国际净债权。债务和债权是决定国际资金流动的根本原因，如果一个国家存在国际净债务，那么资金将从本国流向他国，外汇收入小于外汇支出；如果一个国家存在国际净债权，那么其他国家的资金将流入本国，外汇收入大于外汇支出。货币作为一种特殊的商品，汇率是它的价格，在自由市场上，由于市场机制的作用，资金的流入流出将引起本国货币价格的涨落，即汇率的变化。因此，国际借贷关系决定一个国家汇率的涨落。如果一个国家的国际债务大于债权，该国货币供小于求，那么该国货币将贬值；如果一个国家的国际债务小于国际债权，该国货币供大于求，那么该国汇率货币将升值。该学说还指出，除国际借贷差额之外，其他经济因素如物价、黄金存量、信用状况和利率水平等也会影响一个国家汇率的变化。

基于国际借贷学说的思想，可以通过研究引起经常项目和资本项目变化的决定因素，来分析这些因素对于汇率的影响。就经常项目的影响因素来看，经常性项目主要受进出口贸易收支和劳务收支的影响。假设在资本项目的变动不足以抵消经常项目变动的情况下，出口相对于进口的增加，将会使经常项目产生顺差，汇率将上升；同理，进口相对于出口的增加，将导致汇率的下降。根据经济学理论，进出口贸易又会受到本国经济水平（或国民收入）、国外经济水平（或国外收入）、产品相对价格等因素的影响。本国经济水平的提高会增加对于进口产品的需求，进口相对于出口的增加将导致本国汇率贬值；国外经济水平的提高将导致外国进口的增加，那么将促进本国出口的增加，导致本国货币升值。本国产品相对价格的提高不利于出口，将会引起本国汇率的贬值；本国产品相对价格的下降将促进出口，本国汇率将升值。

就资本项目的影响因素而言，资本项目的变化受到本国和外国的利率水平、本币预期汇率等因素的影响。假设在经常项目的变动不足以抵消基本项目变动的情况下，本国利率水平的提高将引起国外资本的流入，对于本国货币的需求增加，本币汇率升值；反之，本国利率水平的下降会引起本币汇率贬值。国外利率对于汇率的影响作用与本国利率的作用恰好相反。对于本币预期汇率，如果预期本币汇率将升值，那么对于本币的即期需求将增加，本币即期汇率将升高；反之，本币预期汇率贬值，对于外币的即期需求将增加，本币即期汇率将下降。

表3-1　　　　　　　　　国际借贷学说中各因素对汇率变化的影响作用

影响因素	对于汇率变化影响
出口额	正向
进口额	负向
本国经济水平	负向
外国经济水平	正向
本国产品相对价格	负向
本国利率	正向
外国利率	负向
本币预期汇率	正向

　　戈申的国际借贷学说盛行于第一次世界大战之前的金本位汇率制度时期，在金本位时期，各国货币的含金量相对稳定，各国货币的汇率主要受外汇供求关系影响而在黄金输送点之间变化，汇率波动幅度较小。在这种特定的历史背景下，国际借贷学说从动态的视角进行分析，很好地说明了汇率变化的成因和调整机制。然而该理论也存在一些历史局限性：一是该理论是基于金本位汇率制度框架，无法解释纸币本位下一国通货数量的变化对于汇率的影响，如通货膨胀时期会出现物价上涨汇率贬值的现象；二是该理论没有考虑国家干预对于外汇变化的作用，而国家对外汇市场的干预在现实中，特别是在政府干预较多的发展中国家中，作用是非常明显的；三是该理论没有对汇率决定的基础和形成机制进行解释；四是该理论仅考虑了国际收支对于汇率的影响，没有考虑汇率对于其他因素的影响作用。尽管存在一些不足，国际借贷学说开创了研究汇率变化与国际收支之间关系的先河，以短期动态的视角分析了汇率变动的成因及调节机制，对于汇率理论的发展作出了重要的贡献，启发了后人的研究，并提供了重要的理论参考。在20世纪，凯恩斯学派进一步发展了国际借贷理论，相继提出了国际收支的弹性理论和国际收

支调节的吸收论，进一步充实了汇率与国际收支研究领域的理论依据。

3.2 购买力平价学说

购买力平价学说（Purchasing Power Parity）最早是由瑞典经济学家卡塞尔（G. Cassel）在 20 世纪初提出，该学说的核心思想是两国货币之间的汇率取决于两国单位货币所具有的购买力的比值。人们对外国货币的需求产生于进行国际贸易时购买外国商品的需求，因为外国货币具有购买外国商品的能力，两种货币之间的汇率应该由两种货币实际购买能力的比值来决定。当两国之间的国际贸易达到平衡状态时，两国货币之间的汇率会趋向于购买力平价。购买力平价学说所基于的一个重要假设是一价定律（The Law of One Price）。一价定律是指同样的一种商品，在世界上任何一个国家，抛开交易成本等因素，以同一种货币来表示的销售价格应该是一致的。例如，同样的一袋面粉，在德国的售价是 1 欧元，在中国的售价是 6 元人民币，那么，欧元兑人民币的购买力平价便是 1:6。

购买力平价分为绝对购买力平价和相对购买力平价两种。绝对购买力平价的实现要求一价定律对于所有贸易商品均成立，两国之间进行贸易比价时，贸易商品的种类和权重均相同。在绝对购买力平价的假设下，两国货币之间的购买力平价便等同于两国货币之间的汇率，汇率的决定直接取决于两种货币的实际购买力水平，因此，绝对购买力平价分析的是某一个时点上两国货币之间的汇率水平。如果我们用 P_A 和 P_B 分别代表 A 国和 B 国的物价水平，那么 A 国、B 国之间的购买力平价，同时也是两国货币之间的汇率 e，可以表示为

$$e = P_A/P_B$$

相对购买力平价理论认为两国货币之间的汇率会随着两国物价水平

的变化而变化,从物价水平上解释了汇率波动的成因。假设 e_0 为基期的汇率, e_1 为基期之后某一时期的汇率,用 P_A 和 P_A^* 分别表示 A 国在基期和基期之后某一时期的物价水平,用 P_B 和 P_B^* 分别表示 B 国在基期和基期之后某一时期的物价水平,那么相对购买力平价可以表示为

$$e_0 = e_1 \cdot \frac{\dfrac{P_A^*}{P_B^*}}{\dfrac{P_A}{P_B}}$$

在国际上,假如两个国家之间可以自由地进行商品的贸易流通,那么,如果施行的是固定汇率制度,不允许汇率自由变化、套购行为的存在,将引起两国物价水平的变化;如果施行的是浮动汇率制度,汇率可以自由变化,则套购的行为将产生对他国货币需求的变化,导致两国货币之间汇率水平的变化。当两国之间绝对购买力平价成立的时候,相对购买力平价一定成立,反之则不然。相对购买力平价比绝对购买力平价更具有现实可操作性,如果两个国家物价水平是一致的,那么两国货币之间汇率的变化将取决于两国国内通货膨胀率的情况,如果一个国家通货膨胀率升高,则该国货币将会贬值。因此,相对购买力平价理论可以用来解释一国的货币是否处于升值或者贬值的状态,分析的是某一个时间段内两国货币之间汇率的调整情况。如果用 e_0 表示 t_0 时间点的汇率,用 e_1 表示 t_1 时间点的汇率,那么这两个时间点汇率的关系取决于这两个时间点通货膨胀率的比值:

$$e_1 = e_0 \cdot \frac{I_1}{I_0}$$

总之,购买力平价学说为解释汇率的形成以及汇率的波动提供了理论基础,在研究汇率决定机制上提供了很好的分析角度。该学说从货币的购买力着手,对两国货币之间的汇率进行了定义,解释了汇率长期变化的本质。该学说的不足之处在于:一是购买力平价学说是以货币数量

论作为其成立的前提，认为对物价产生影响的唯一因素是货币的数量，忽略了其他诸多影响物价水平的重要因素。二是该理论为使货币的购买力能够在国家之间进行比较，假设了各个国家之间生产、消费结构，价格体系基本相同，该限制条件过于严苛。三是购买力平价学说没有考虑到国际上资本流动对汇率的影响作用，此外，该理论在分析货币之间的购买能力时需要对大量产品的价格进行准确地测定，而这在实际操作上是比较困难的。四是购买力平价学说没有考虑非贸易商品的比价，也没有考虑进行国际贸易时所面对的贸易成本问题，以及现实中存在的国际贸易壁垒（Trade Barrier）现象所导致的国际市场分割（Market Segmentation）等因素。

3.3　国际收支的弹性分析法

国际收支的弹性分析法（Elasticity Approach）是指基于微观经济学的局部均衡分析法发展起来的，分析进出口供给、需求价格弹性以及汇率变化对于国际收支和贸易条件（交换比价）影响的一系列理论方法。弹性分析这一理念最早是由英国经济学家毕克迪克（C. F. Bickerdike）在 1920 年有关外汇不稳定性的研究中提及的，在国际收支研究领域提出了贸易弹性分析的思路。英国经济学家马歇尔（A. Marshall）在 1923 年运用需求弹性分析方法对贸易条件和国际收支之间的关系进行了分析，奠定了国际收支弹性分析法的基础。英国经济学家罗宾逊（J. V. Robinson）在 1937 年基于马歇尔方法进行了进一步分析，提出了进口、出口价格供求弹性的概念，并基于此得出一个国家货币贬值对进出口贸易以及国际收支的不同影响，更为系统性地提出了国际收支的弹性分析方法。后来，勒纳（A. P. Lerner）、梅茨勒（L. A. Metzler）等学者在马歇尔的研究基础之上进行了进一步地扩展，提出了新的观点。这些方法将汇率波动与国际收支联系起来，研究汇率贬值对于国际收支和贸易条件的作用，在汇率与国际收支的关系这一研究领域中迈出了重要的一步，为后续的实证研究提供了理论基础，国际收支的弹性分析法具有代表性的理论有马歇尔—勒纳条件、毕克戴克—罗宾逊—梅茨勒条件、J 曲线理论等。

1. 马歇尔—勒纳条件

马歇尔—勒纳条件（Marshall – Lerner Condition）是西方汇率与国际贸易理论中的一项基本理论。20 世纪 30 年代美国经济大萧条和金本位体制的崩溃瓦解的历史背景下，美国经济学家勒纳在马歇尔弹性理论的基础上，提出了基于弹性分析法的国际收支理论，解释了在进出口商品供给弹性既定的前提下，一个国家或地区货币汇率的变化对于国际收支的影响。

马歇尔—勒纳条件理论设有如下的假定条件：一是国家均处于非充分就业的状态，因此具有足够的生产资源来满足进出口商品的供给处于完全弹性的状态。二是假定只考虑汇率变化对于进出口贸易数量和总额的影响，其他因素保持不变。三是不存在国际资本和劳务的流动，国际收支为进出口贸易收支。四是进/出口贸易总额等于进/出口商品价格乘以进/出口商品数量，进出口商品价格均用同样的货币单位表示。五是国际贸易收支的调整过程不存在时滞效应。

在上述假设条件下，我们用 B 来代表国际贸易差额，X 代表出口贸易额，Q_X 代表出口贸易量，P_X 代表出口产品本币价格，P_X^* 代表出口产品外币价格；M 代表进口贸易额，Q_M 代表进口贸易量，P_M 代表进口产品本币价格，P_M^* 代表进口产品外币价格，e 代表汇率，则有

$$B = X - M, X = P_X \cdot Q_X, M = P_M \cdot Q_M, P_X = e \cdot P_X^*, P_M = e \cdot P_M^*$$

用本币表示贸易差额有

$$B = X - M = P_X \cdot Q_X - P_M \cdot Q_M \qquad (3 - 1)$$

对式（3-1）进行全微分可得

$$dB = dX - dM = \left(\frac{dP_X}{P_X} + \frac{dQ_X}{Q_X} \right) X - \left(\frac{dP_M}{P_M} + \frac{dQ_M}{Q_M} \right) M \quad (3-2)$$

由 $P_X = eP_X^*$ 和 $P_M = eP_M^*$ 可以得出：

$$\frac{dP_X}{P_X} = \frac{de}{e} + \frac{dP_X^*}{P_X^*} \quad \frac{dP_M}{P_M} = \frac{de}{e} + \frac{dP_M^*}{P_M^*} \quad (3-3)$$

马歇尔—勒纳条件考虑了四种弹性，分别为出口商品供给价格弹性、需求价格弹性 E_{SX}、E_{DX}；进口商品供给价格弹性、需求价格弹性 E_{SM}、E_{DM}。以出口商品供给价格弹性 E_{SX} 为例，它是指出口商品供给数量变化率与出口商品价格变化率之比，比例越高则弹性越大，比例越低则弹性越小。如果出口商品供给弹性大于1，那么出口商品供给数量的变化率大于价格的变化率；如果供给弹性小于1，则出口商品供给的变化率小于出口商品价格的变化率。这四种弹性的计算公式如下：

$$E_{SX} = \frac{\dfrac{dQ_X}{Q_X}}{\dfrac{dP_X}{P_X}} \quad E_{DX} = -\frac{\dfrac{dQ_X}{Q_X}}{\dfrac{dP_X^*}{P_X^*}} \quad E_{SM} = \frac{\dfrac{dQ_M}{Q_M}}{\dfrac{dP_M^*}{P_M^*}} \quad E_{DM} = -\frac{\dfrac{dQ_M}{Q_M}}{\dfrac{dP_M}{P_M}}$$

$$(3-4)$$

由方程组（3-3）和方程组（3-4），我们可以得出：

$$\frac{dP_X}{P_X} = -\frac{de}{e} \cdot \frac{E_{SX}}{E_{SX} + E_{DX}} \quad \frac{dQ_X}{Q_X} = \frac{de}{e} \cdot \frac{E_{SX} \cdot E_{DX}}{E_{SX} + E_{DX}}$$

$$\frac{dP_M}{P_M} = -\frac{de}{e} \cdot \frac{E_{DM}}{E_{SM} + E_{DM}} \quad \frac{dQ_X}{Q_X} = \frac{de}{e} \cdot \frac{E_{SM} \cdot E_{DM}}{E_{SM} + E_{DM}} \quad (3-5)$$

将方程组（3-5）代入方程（3-2）可得

$$dB = \frac{de}{e} \cdot \frac{E_{SX}(E_{DX} - 1)}{E_{SX} + E_{DX}} \cdot X - \frac{de}{e} \cdot \frac{E_{DM}(E_{SM} + 1)}{E_{SM} + E_{DM}} \cdot M \quad (3-6)$$

方程式（3-6）可以整理成如下形式：

$$\frac{dB}{X} = \frac{de}{e} \cdot \left[\frac{E_{SX}(E_{DX} - 1)}{E_{SX} + E_{DX}} - \frac{E_{DM}(E_{SM} + 1)}{E_{SM} + E_{DM}} \right] \cdot \frac{M}{X} \quad (3-7)$$

那么基于方程式（3－7），并假设在初始的状态下国际贸易收支处于平衡状态，一个国家货币贬值能否改善其国际贸易收支取决于进出口商品供给需求四种弹性之间的关系。货币贬值能否改善国际贸易收支的充分必要条件是方程（3－7）中括号里的部分大于零，可以用方程（3－8）的形式来表示：

$$\frac{E_{SX}(E_{DX}-1)}{E_{SX}+E_{DX}} - \frac{E_{DM}(E_{SM}+1)}{E_{SM}+E_{DM}} > 0 \qquad (3-8)$$

根据前面给出的进出口商品处于完全弹性状态的假设，则有 E_{SX} 和 E_{SM} 趋向于正无穷大，那么，我们对方程（3－8）取极值可得到方程（3－9）：

$$\lim_{E_{SX}, E_{SM} \to \infty} \left[\frac{E_{SX}(E_{DX}-1)}{E_{SX}+E_{DX}} - \frac{E_{DM}(E_{SM}+1)}{E_{SM}+E_{DM}} \right] > 0 \qquad (3-9)$$

由于方程（3－9）的左边等于 $E_{DM}+E_{DX}-1$，因此，基于方程（3－9）可得到 $E_{DM}+E_{DX}>1$，这即是马歇尔—勒纳条件。一个国家的货币贬值对于国际收支的作用效果取决于进口商品需求弹性和出口商品需求弹性之和，即 $E_{DM}+E_{DX}$。如果 $E_{DM}+E_{DX}>1$，本国货币贬值将改善国际贸易收支，如果 $E_{DM}+E_{DX}<1$，货币贬值将恶化国际贸易收支，如果 $E_{DM}+E_{DX}=1$，本国货币贬值不会影响国际贸易收支，国际贸易收支保持不变。举例说明，假设一国的出口商品需求弹性 E_{DX} 为 0.2，如果出口商品价格下降5%，则出口数量只增加1%，出口总额将减少4%。假设进口商品需求弹性 E_{DM} 为0.8，即 $E_{DM}+E_{DX}=1$，如果国内价格上涨5%，则进口数量减少4%，进口总额将减少4%，这样国际贸易收支将保持不变；如果 $E_{DM}+E_{DX}>1$，则进口额减少量大于出口额增加量，国际贸易收支将得到改善。

马歇尔—勒纳条件同时指出一个国家的货币贬值会对其贸易条件产生影响。贸易条件是指一个国家出口价格指数与进口价格指数之比，如果出口价格指数相对于进口价格指数下降，则说明该国贸易条件发生恶化；反之贸易条件则得到改善。一个国家货币贬值对其贸易条件的影响取决于进口、出口商品供给弹性的乘积和进口、出口商品需求价格弹性的乘积之间的关系，如果 $E_{SX} \times E_{SM} > E_{DX} \times E_{DM}$，本国货币贬值将改善该国的贸易条件；如果 $E_{SX} \times E_{SM} < E_{DX} \times E_{DM}$，本国货币贬值则将恶化该国的贸易条件；如果这两个乘积相等，则本国货币贬值不会影响该国的贸易条件。

基于马歇尔—勒纳条件我们可以推断出对于发达国家可以采用货币贬值的手段来改善国际贸易收支，而对于发展中国家，不适用这一手段。因为发达国家的进出口产品大多为价格弹性较高的工业制成品，$E_{DM} + E_{DX} > 1$，货币贬值可以改善国际收支；而对于发展中国家，进出口产品大多为价格弹性较低的初级商品，$E_{DM} + E_{DX} > 1$ 这一条件很难实现，因此采用货币贬值这一手段去改善国际收支将适得其反。

2. 毕克戴克—罗宾逊—梅茨勒条件

马歇尔—勒纳条件中的一个重要假设是进口、出口供给弹性是无穷大的，但在现实中，这种假设是片面的，进口、出口供给弹性不一定是无穷大的。基于这一缺陷，梅茨勒（L. A. Metzler）在马歇尔—勒纳条件理论的基础上进行了补充扩展，于 1948 年提出了毕克戴克—罗宾逊—梅茨勒条件（Bickerdike - Robinson - Metzler Condition）。该条件认为一个国家的货币贬值能否改善以及能在多大程度上改善其国际收支，不仅取决于马歇尔—勒纳条件中的进口、出口商品需求价格弹性，而且与进口、出口商品需求供给弹性密切相关。

我们将方程（3 - 8）左边两式进行合并可得到毕克戴克—罗宾逊—梅茨勒条件给出的货币贬值能否改善国际贸易收支的充分必要条件：

$$\frac{E_{DX}E_{DM}(E_{SX} + E_{SM} - 1) + E_{SX}E_{SM}(E_{DX} + E_{DM} + 1)}{(E_{SX} + E_{DX})(E_{SM} + E_{DM})} > 0 \quad (3 - 10)$$

毕克戴克—罗宾逊—梅茨勒条件在马歇尔—勒纳条件及其相关假设的基础上，分析了进口、出口商品需求供给弹性的三种情况：

第一种情况是对于进口、出口商品需求的供给弹性足够小时的分析。在这种情况下，有 E_{SM} 和 E_{SX} 趋向于 0，式（3-10）的左边等于 1，是必然大于 0 的，那么即便马歇尔—勒纳条件不成立，一国的货币贬值也能改善其国际收支。

第二种情况是对于没有进出口价格决定权的小国的分析。一般来说，对于经济规模较小的国家，他们在开展国际贸易中往往是价格的接受者而不是制定者，他们的进出口价格是给定的，也就是说他们的出口商品需求弹性 E_{DX} 和进口商品供给弹性 E_{SM} 均趋向于正无穷大。

这时，对方程（3-10）取极值可以得到方程（3-11）：

$$\lim_{E_{DX}, E_{SM} \to \infty} \left[\frac{E_{DX}E_{DM}(E_{SX} + E_{SM} - 1) + E_{SX}E_{SM}(E_{DX} + E_{DM} + 1)}{(E_{SX} + E_{DX})(E_{SM} + E_{DM})} \right] > 0$$

$$(3-11)$$

方程（3-11）的左边等于 $E_{DM} + E_{SX}$，由于一般情况下进口需求函数和出口供给函数为正数，$E_{DM} + E_{SX} > 0$，因此，方程（3-11）满足马歇尔—勒纳条件。对于没有进出口价格决定权的小国，本国货币的贬值可以改善其国际贸易收支。

第三种情况是进口商品供给弹性和出口商品供给弹性无限大时的分析。这时，毕克戴克—罗宾逊—梅茨勒条件的假设条件与马歇尔—勒纳条件的假设条件一致，因此在这种情况下，毕克戴克—罗宾逊—梅茨勒条件等同于马歇尔—勒纳条件。

3. J 曲线效应理论

在现实中，经验事实表明一个国家的货币贬值后，其贸易逆差往往不能立即缩小反而在短期内增大，J 曲线效应（J - Curve Effect）理论给出了关于这一现象的解释。J 曲线效应理论认为，在马歇尔—勒纳条件成立的前提下，短期内，汇率贬值无法立即引起贸易数量的变化，从进出口商品价格变化到进出口商品数量变化在短期上缺乏敏感性，存在时滞效应。在这段期间内，货币贬值不能起到国际收支的作用，反而会恶化国际收支。该理论描述了国际贸易收支差额的变化轨迹，该轨迹曲线呈字母 J 型，因此这种效应被称作 J 曲线效应（见图 3 - 1）。

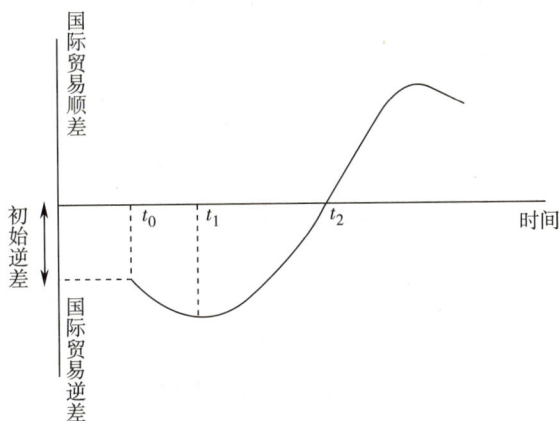

图 3 - 1　J 曲线效应

以马吉（S. P. Magee）为代表的几位经济学家在 20 世纪 70 年代初的研究中指出这种现象产生的原因为在货币贬值初期，由于本国生产和消费具有粘性作用（Stickness Effect），本国货币贬值后，短期内生产和消费行为对于汇率的变化不敏感，需求缺乏弹性，进出口贸易量不会发生明显的变化。但是，由于本国货币的贬值，以国外货币计价的出口收入将相对减少，以本国货币计价的进口支出将相对增加，从而造成国际贸易收支逆差的增加或者是顺差的减少，即恶化了国际贸易收支。经过一段时间后，需求弹性逐渐增加，出口贸易量将逐渐增加，进口贸易量将逐渐减少，国际贸易收支得到了改善，逐渐抵消汇率贬值后短期的恶化效果，国际贸易收支呈现出逐渐改善的态势。因此，从图 3 - 1 中可以看出，汇率贬值后效应的传导作用时间分为恶化国际贸易收支的紧缩性效应期（t_0 至 t_1）和改善国际贸易收支的扩张性效应期（t_1 至 t_2）。在前一阶段，国际贸易收支逆差持续增大，在后一阶段，国际贸易收支逆差逐渐减少并在 t_2 之后转化为顺差。

总结上述几种国际收支的弹性分析方法，它们对于学术研究的贡献在于将汇率和国际收支这两个变量联系在一起，通过设置一定的假设条件，可以将汇率波动对于国际收支的影响量化。同时，这些理论也纠正了货币贬值一定能够改善国际收支和贸易条件的观点，指出了只有在一定的进出口供求价格弹性条件下，汇率的贬值才能增加出口量，减少进口量，缩小国际收支上的赤字，起到平衡国际收支的作用，且这种作用往往具有一定的时滞性。弹性分析方法为汇率和国际贸易领域的研究提供了理论基础，当然也存在一些局限性，主要表现在：一是没有考虑由于汇率变化所导致的国际资本和劳务的流动；二是只考虑了汇率变化对国际贸易的作用，属于局部均衡分析，没有考虑其他经济变量对国际收支的影响以及这些变量之间的相互关系，不能很好地解释国际收支的实际情况；三是这些理论基于进出口商品供求的价格弹性，而准确地估计出这些弹性是比较复杂的问题，如果估计不准的话，将影响模型结论的准确性；四是马歇尔—勒纳条件和毕克戴克—罗宾逊—梅茨勒条件均属于静态分析，没有考虑汇率变化作用时滞性和长期效果，无法解释 J 曲线效应理论；五是马歇尔—勒纳条件基于出口商品供给弹性无限大的假设，不适用于对经济周期中的经济复苏和高涨阶段的分析；六是弹性需求理论假设本币贬值只改变相对进出口价格，这种假设是不全面的，在现实中本币贬值会使国内的价格上涨，国内生产成本提高，本国商品的出口竞争力将下降，这对出口贸易会带来负面的影响。

3.4　国际收支调节的吸收论

凯恩斯学派在国际借贷学说的基础上发展出来的另一个重要的理论就是国际收支调节的吸收论（Absorption Approach）。该理论是由英国经济学家米德（J. E. Meade）和美国经济学家亚历山大（S. S. Alexander）在 20 世纪 50 年代初共同提出的。该理论基于凯恩斯宏观经济学理论，把经济活动看成一个互为联系的整体，从凯恩斯国民收入方程入手，进行宏观一般均衡分析，考量了总收入与总支出对于国际收支的影响及货币贬值政策对于国际贸易的作用，并提出了政策搭配建议。

根据凯恩斯的国民收入方程，在国民经济一般均衡的条件下，国民收入等于国民支出，而在开放的经济下，存在国内消费、投资以及进出口贸易，则一般均衡公式为

$$Y = E = C + I + X - M \qquad (3-12)$$

式中，Y、E、C、I、X、M 分别表示国民收入、国民支出、消费、投资、进口和出口，将式（3-12）进行移项处理可得

$$X - M = Y - (C + I) \qquad (3-13)$$

在式（3-13）中，$X - M$ 代表贸易收支差额，在国际收支调节的吸收论中不考虑资本项目，则贸易收支差额可以近似地看成国际收支差额。$C + I$ 代表国内总支出，包括消费和投资支出，是国民收入中被国内吸收的部分，因此，国际收支差额就是国民收入与国内吸收的差额，我们用 B 表示国际收支差额，A 表示国内吸收，可以得到国际收支调节的吸收论的核心公式：

$$B = Y - A \qquad (3-14)$$

根据式（3-14），我们可知，当国民收入大于国内吸收时，国际收支出现顺差；当国民收入小于国内吸收时，国际收支则会出现逆差；当二者相等时，国际收支则处于平衡状态。当国际收支出现逆差时，因为该国总需求大于总供给，政府可以通过紧缩性的财政货币政策来减少对进口商品的需求，以改善国际收支状况，但是紧缩性的财政货币政策同时也会减少对国内商品的需求，减少国民收入，因此，政府需要运用支出转换政策来增加国民收入，通过支出减少政策来减少国内支出，进而消除紧缩性政策所带来的负面影响，直到总收入等于总吸收，国际收支再度回到均衡状态，该国经济实现内部、外部的平衡。

国际收支调节的吸收论从宏观经济视角来分析货币贬值对于国际收

支的影响，并给出了相应的政策搭配建议。该理论认为一个国家通过货币贬值来改善国际收支状况的前提有两个方面：一是该国国内存在足够的闲置资源，即本国经济未处于膨胀时期、非充分就业；二是该国边际吸收倾向（每增加 1 单位国民收入中用于国内吸收的比例）小于 1。一个国家本国货币的贬值将使该国的出口商品的相对价格降低，外国对该国出口商品的需求增加，同时，货币贬值也提高了国内出口商品的本币价格，这就使得出口商品加工有利可图。如果该国国内存在闲置资源，那么，这些闲置资源将流到出口商品加工部门，进而增加出口商品的产量，满足外国的进口需求，提高该国出口贸易收入，国民收入也随之增加。如果该国边际吸收倾向小于 1，那么国内吸收的增长小于国民收入的增长，在这种情况下，该国的国际收支状况将得到改善。如果该国边际吸收倾向大于 1，即便该国的货币贬值，国际收支状况仍将恶化。如果该国边际吸收倾向等于 1，汇率变化不会对国际收支状况产生影响。因此，该理论建议，采用货币贬值政策的同时，如果国内存在闲置资源，应采取扩张性的财政货币政策予以配合，促进国民收入的增长，以取得更好的效果。如果国内不存在闲置资源，政府应当采取紧缩性的财政货币政策，减少国内吸收，进而使经济回归平衡状态。

国际收支调节的吸收论将国际收支与国内经济联系起来进行分析，较前期的理论更进了一步。该理论是建立在一般均衡的基础之上，同时考虑了政策配合的影响作用，较之弹性分析法的局部均衡分析更为全面。该理论与弹性分析法的另一个主要区别在于该理论从总收入和总吸收的角度去分析汇率与国际收支之间的关系，而弹性分析法是从相对价格的角度出发。然而，国际收支调节的吸收论也存在一些不足之处：一是该理论假定本国货币贬值是增加出口的唯一因素，但这一假设过于片面，脱离现实，在实践中，可以促进出口贸易增长的因素很多，仅考虑货币贬值是不够的。二是该理论假定国际收支中包含国际贸易收支，忽略了资本项目在国际收支中的地位，考虑得还不够全面。

总之，国际收支调节的吸收论在其研究领域的理论发展中起到了承前启后的作用，在该理论提出的时期具有较强的先进性，它继承了汇率弹性分析法的优点，发现并改进了汇率弹性分析法存在的一些不足之处，丰富了凯恩斯主义的国际收支理论。同时，该理论也指出了国际收支失衡在货币方面上的原因，从这点上，该理论可以看作是 20 世纪 70 年代发展起来的货币主义汇率理论的先驱。

3.5 IS – LM – BP 分析模型

英国经济学家希克斯（J. R. Hicks）和美国经济学家汉森（A. H. Hansen）基于凯恩斯主义的宏观经济学理论设计出宏观经济分析汇总一个重要的理论模型：IS – LM 模型（也称希克斯—汉森模型），该模型解释了国内产品市场和金融市场之间的相互联系，通过该模型可以分析消费、投资、政府支出、利率、净出口（国际贸易差额）等变量的相互作用关系及均衡状态效果。

IS – LM – BP 分析模型是基于 IS – LM 模型发展出来的分析方法，扩展了传统的 IS – LM 没有涉及的对外贸易领域，仅是对封闭经济体的理论分析。在 IS – LM 模型基础之上，通过增加 BP 曲线引入了关于汇率对于国际收支均衡情况的分析，进而实现了对于开放经济体国内外经济均衡状态的分析。因此，该模型重点分析的是产品市场、金融市场、外汇市场之间的均衡情况，国际收支不同状态下的内部均衡状况，以及各种因素对于均衡状态的影响作用。

IS – LM – BP 分析模型首先假设国内经济存在均衡状态，即 IS – LM 曲线是成立的，汇率制度是完全浮动的汇率制度，加入代表国际收支均衡情况的 BP 曲线后，存在有国际收支的外部均衡。那么，在 IS – LM – BP 分析模型的框架下，通过对内外部均衡状态的分析，可以解释在浮动汇率制度框架下，汇率变化对于国际贸易收支的影响。在图 3 - 2 中，E 表示内外部均衡点，如果仅存在内部均衡，那么当 E 点位于 BP 曲线上方时，说明本国经济存在国际收支盈余，当 E 点位于 BP 曲线下方时，表示本国经济存在国际收支赤字。

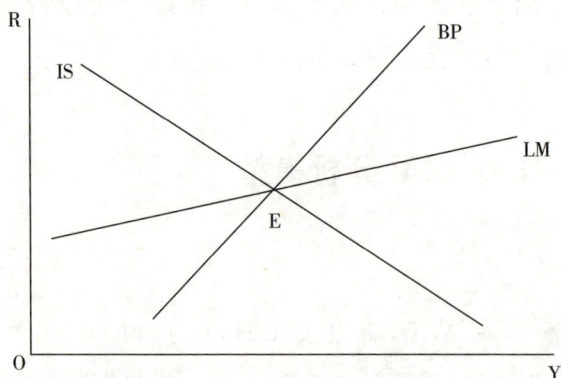

图 3 - 2　IS - LM - BP 模型

通过 IS - LM - BP 模型来解释汇率对于国际贸易收支情况，即净出口（Net Export）的影响，假设：一是只考虑汇率水平变化对进出口贸易总量和贸易总额的影响，在此过程中，其他因素保持不变；二是进口贸易总额等于进口数量乘以进口商品价格，出口贸易总额等于出口商品数量乘以出口商品价格；三是只考虑进出口商品贸易往来，不存在国际资本和劳务的流动；四是出口贸易商品为一般商品，价格变化对于贸易额的传递是实时的。

在上述假设条件下，我们用 X 表示出口贸易额，M 表示进口贸易额，NX 表示净出口，Y 表示国民收入水平，P 表示本国价格水平，P^* 表示外国价格水平，e 表示汇率，Q_X 表示外国对本国出口产品的需求量，是本国价格水平和汇率的函数，Q_M 表示本国对国外产品的进口需求量，是国民收入水平、本国价格水平和汇率的函数，则有

$$NX = X - M, P = e \cdot P^*, X = P \cdot Q_X(P, e), M = e \cdot P^* \cdot Q_M(Y, P, e)$$

因此，可以得到净出口的计算方程为

$$NX = X - M = P \cdot Q_X(P,e) - e \cdot P^* \cdot Q_M(Y,P,e) \quad (3-15)$$

将式（3-15）两边对汇率 e 求导可得

$$\frac{\partial NX}{\partial e} = P \cdot \frac{\partial Q_X}{\partial e} - \left(P^* \cdot Q_M + e \cdot P^* \cdot \frac{\partial Q_M}{\partial e} \right)$$

$$= P \cdot \frac{\partial Q_X}{\partial e} - P^* \cdot Q_M \cdot \left(1 + \frac{\partial Q_M}{\partial e} \cdot \frac{e}{Q_M} \right)$$

因为出口汇率弹性 $E_{RM} = \dfrac{\partial Q_M}{\partial e} \cdot \dfrac{e}{Q_M}$，代入上式可得

$$\frac{\partial NX}{\partial e} = P \cdot \frac{\partial Q_X}{\partial e} - P^* \cdot Q_M \cdot (1 + E_{RM}) \quad (3-16)$$

因为本国价格水平和外国价格水平的关系为 $P = e \cdot P^*$，所以，本国货币升值时汇率 e 下降，反之 e 升高，出口对于汇率的导数 $\dfrac{\partial Q_X}{\partial e}$ 大于零，进口汇率弹性 E_{RM} 小于零；因此，通过式（3-15）我们可知，当进口汇率弹性 E_{RM} 的绝对值大于1时，净出口对于汇率的导数 $\dfrac{\partial NX}{\partial e}$ 大于零，这说明了在本币升值（汇率 e 下降）的情况下，进口 M 将增加，净出口 NX 将减少，进而解释了汇率与国际贸易收支情况的关系，即假设其他条件不变的情况下，当本币升值时，国际贸易收支情况将会恶化；当本币贬值时，国际贸易收支将会得到改善。

IS - LM - BP 模型为分析产品市场、金融市场、外汇市场之间的均衡情况，国际收支不同状态下的内部均衡状况，以及包括国民收入、进出口、汇率、利率、物价水平、投资、储蓄、货币供给等各种变量之间的作用关系提供了很好的分析基础，在理论和实证研究中得到了广泛的关注和应用。但是，该方法同样也存在一些缺陷，主要体现在以下几个方面：一是假设条件较为严苛，IS - IM - BP 模型是建立在国内经济均衡这一最基本的假设条件基础上，应用该模型进行分析，必须假定 IS - LM 模型是成

立的，基于此方法的分析模型均为简化形式的宏观分析模型。二是该模型的设定较为机械化，同时，该模型属于静态同步的均衡分析，无法有效地反映出现实经济中的不确定性和动态的调整效果。三是该模型属于对宏观层面上经济均衡情况的分析，缺少微观经济学基础。

3.6 货币主义汇率理论

20 世纪 70 年代之前，关于汇率的研究大多集中于对国际收支与汇率之间相互影响作用的分析，更关注国际收支经常项目的变化。随着 20 世纪 70 年代初期布雷顿森林体系下固定汇率制度的瓦解，越来越多的国家开始实行浮动汇率制度，导致了国际资本的大量频繁流动，汇率波动的加剧。在这样的背景下，货币主义汇率理论（Monetary Approach to Exchange Rate）应运而生。货币主义汇率理论也称货币存量汇率理论，它是由蒙代尔（R. A. Mundell）、约翰逊（H. G. Johnson）、弗兰克尔（J. A. Frenkel）、多恩布什（R. Dornbush）等经济学家基于弗里德曼（M. Friedman）提出的现代货币数量论发展起来的汇率理论，其特点是突出货币因素在汇率决定过程中的作用，认为一个国家的货币供给及货币政策对该国货币汇率的变化有直接的关联关系。汇率作为联系两国之间贸易往来的纽带，不是两国产品的相对价格，而是两个国家货币的相对价格，汇率是由两国市场的货币存量来决定的，当货币存量保持稳定的时候，两国货币的汇率就不会发生变化，因此该理论也被称作货币存量汇率理论。

货币主义汇率理论的成立基于以下几个前提假设条件：一是国际资本市场是十分发达的，资本可以在国家之间自由流动，本国与外国的资本之间可以完全替代；二是国际商品市场是高效率的，购买力平价（Purchasing Power Parity）和一价定律（The Law of One Price）是完全有效的；三是国际外汇市场的高效率，所有市场参与者对于外汇有合理的预期，预期汇率能够有效地影响即期汇率。基于这些假设，货币主义汇率理论认为：汇率的变化会受到本国和外国货币供给量变化、本国和外国国民收入水平变化、本国和外国名义汇率水平变化、本国与外国预期通货膨胀率变化的影响（见表3-2）。

根据货币主义汇率理论的思想，如果一个国家的货币供给量提高，那么价格水平将提高，由于购买力平价的作用，该国货币汇率将下跌；反之，如果货币供给量下降，汇率将上升。如果一个国家的国民收入水平提高，那么对于货币的需求将提高，如果货币供给量不变，由于购买力平价的作用，则该国货币汇率将上升；反之，如果国民收入水平下降，则汇率将下降。如果一个国家的名义利率上升，则该国的预期通货膨胀率将上升，物价水平将提高，由于购买力平价的作用，该国货币汇率将下跌；反之，名义汇率下降，则预期通货膨胀率下降，汇率将上升。该理论认为在短期内，预期通货膨胀率对于汇率的影响作用比货币供给和国民收入水平更强，原因在于预期通货膨胀率相对于其他作用因素在短期内的变化更为频繁和显著。该理论还指出，一个国家货币政策的变化会导致汇率的变化，因为货币政策的变化会产生货币供给的变化，从而会对汇率水平产生影响，因此对于货币政策的预期将影响汇率的预期。

表3-2　　　　　货币主义汇率理论中各因素对汇率变化的影响作用

影响因素	对于汇率变化影响
本国货币供给	负向
外国货币供给	正向
本国国民收入	正向
外国国民收入	负向
本国名义利率	负向
外国名义利率	正向
本国预期通货膨胀率	负向
外国预期通货膨胀率	正向

货币主义汇率理论首次考虑了资本市场因素对于汇率的决定作用，解释了货币因素在汇率决定过程中的作用以及货币政策对于汇率的影响，弥补了前期相关理论研究的欠缺，对该领域的研究作出了重要贡献。然而，货币主义汇率理论也存在一些不足之处：一方面，该理论假设购买力平价和一价定律是完全有效的，这种假设过于绝对，在现实中是很难实现的；另一方面，该理论没有考虑国际收支的结构性因素对于汇率的影响作用。此外，该理论没有充分考虑货币供求变化与价格变化之间的作用关系。

3.7　汇率资产组合分析理论

汇率资产组合分析理论（Portfolio Approach to Exchange Rate）最早是由美国经济学家麦金农（R. I. Mckinnon）、奥茨（W. Oates）在 20 世纪 70 年代前后提出的汇率分析方法。后来，美国经济学家布朗森（W. Branson）基于托宾（J. Tobin）的资产组合选择理论建立了资产组合模型，并提出了资产组合平衡论，该理论在汇率研究领域产生了很大的影响。汇率资产组合分析理论认为：（1）汇率是由存量金融资产的结构平衡所决定的。（2）由于有价证券是投资者进行投资的一个巨大的市场，且有价证券与货币具有替代性，因此有价证券会影响货币的供求存量，进而引起汇率变化。（3）本国和外国的资产之间只可部分替代，不能完全替代，投资者需进行合理的资产组合。（4）无抛补的利率平价不成立，外汇市场存在天然的风险，投资者会以规避风险的目的来选择投资本国或外国有价债券。

该理论的基本模型是假定在资本完全流动的前提下，一国私人部门的资产总量是由三种资产即本国货币、本国资产、外国资产构成，各种资产按照一定的比例分配，分配比例根据资产的预期收益率来决定，可以随时进行调整，本国资产由本国债券构成，外国资产由外国债券构成。在短期内不考虑债券利息收益对资产总量的影响，不考虑汇率变动对债券收益率的影响，债券收益率只受利率的影响；本国债券收益率为本国利率，外国债券收益率为外国利率，本国货币的预期收益率为零。那么，一个国家私人部门的资产总量可以表示为

$$W = M + B + e \cdot F \qquad (3-17)$$

式中，M 表示本国货币；B 表示本国资产；F 表示外国资产构成；e 表示汇率。

就货币市场来看，货币供给是由政府控制的，属于外生变量，而货币需求是由本国利率 i 的减函数、外国利率 i^* 的减函数、资产总量 W 的增函数，有

$$M = \psi(i, i^*, W) \qquad (3-18)$$

就本国资本市场来看，本国债券为政府控制发行的，属于外生变量，本国债券的需求是本国利率 i 的增函数、外国利率 i^* 的减函数、资产总量 W 的增函数，有

$$B = \varphi(i, i^*, W) \qquad (3-19)$$

就外国资本市场来看，外国债券的供给是基于经常账户的盈余来决定的，我们假设在短期内经常账户不发生变动，那么，外国债券供给也可作为外生变量，外国债券的需求是本国利率 i 的减函数、外国利率 i^* 的增函数、资产总量 W 的增函数，有

$$F = \theta(i, i^*, W) \qquad (3-20)$$

式（3-17）、式（3-18）、式（3-19）、式（3-20）联立所组成的关系成立时，标志着资产市场处于一种均衡状态。当某一种资产的供给存量发生变化或者是其收益率发生变化时，资产市场的均衡状态被打破，私人部门将根据收益率的变化调整货币、本国债券、外国债券的比重，使整个资产市场再度恢复均衡状态。在调整的过程中，会产生本国资产与外国资产的替换，会产生货币供求的变化，因此，会导致汇率的

变化。而汇率的变化，又将会影响国内外资产的相对价值，进而也会对资产市场的均衡产生影响。通过经常项目和汇率的动态作用机制，资产市场在短期内进行着不断地调整，直到达到长期的均衡状态。举例来讲，当本国经常性项目出现顺差时，私人部门持有更多的外国资产，这导致外国资产比例大于均衡比例，私人部门会把超出均衡比例的外国资产转化为本国资产，这将引起本国汇率上升；反之，如果本国经常性项目出现逆差时，本国汇率将下降。当本国政府通过收购本国债券来增加货币供给量时，私人部门将会持有更多的货币，超出均衡水平，这时会增加对外国债券的需求，导致外币汇率上升；反之，如果本国政府增加债券的发行，将导致本币汇率上升。当本国利率提高时，本国债券的收益率增加，则本国资本占比提高，国外占比减少，这将引起本币汇率上升，直到资产组合达到再次的平衡；反之，如果外国利率提高，则外币汇率上升。当本国汇率提高时，则本国货币供给小于需求，则政府将通过购买本国债券的形式增加货币发行量，资本项目顺差将增加，经常项目顺差将减小；反之，当本国汇率下降时，资本项目顺差将减少，经常项目顺差将增加。

通过比较前面所介绍的货币主义汇率理论我们发现，汇率资产组合分析理论与货币主义汇率理论存在共性的地方，即二者都考虑了资本市场因素对于汇率变化的作用，但是，他们之间也存在显著的区别，主要有：一是货币主义理论认为汇率是由货币的供求关系来决定的，而汇率资产组合分析理论认为汇率是由存量金融资产的结构平衡来决定的。二是货币主义汇率理论未考虑国际收支对于汇率的影响，而汇率资产组合分析理论考虑了该方面的影响作用。三是货币主义理论认为无抛补利率平价是成立的，即不同货币计价的相似资产的收益率趋于一致，而汇率资产组合分析理论认为无抛补的利率平价不成立，外汇市场存在风险。四是货币主义理论认为本国资产和外国资产可以完全替代，而汇率资产组合分析理论认为本国资产和外国资产只可以部分替代。

总之，汇率资产组合分析理论较之货币主义汇率理论考虑的因素更加全面，既包含了流量分析，也包含存量分析，更具现实意义和政策分析价值。但是，汇率资产组合分析理论在实证应用上存在一定的难度。在现实中，由于汇率资产组合分析模型中的一些变量，如一个国家的资产总量，在现实中是很难度量的，因此对该模型实证检验存在难度，如果变量度量存在偏差，将影响模型结果的准确性，这是在实证研究中应该注意的地方。此外，该模型仅考虑了经常账户的差额，没有对流量因素进行更为深入地分析。

3.8　小结

在本章中，我们对汇率与国际贸易关系这一研究领域的主要理论进行了回顾，包括国际借贷学说、购买力平价学说、国际收支的弹性分析法、IS－LM－BP 模型、国际收支调节的吸收论、货币主义汇率理论、汇率资产组合分析理论。这些理论反映了该领域理论研究的发展历程，理论基于的假设条件不同、分析的侧重点也不尽相同。

国际借贷学说是第一次系统性地将汇率变化与国际贸易收支联系起来进行分析的理论，该理论主要关注汇率变化成因的调节机制，认为本国汇率会受到国际收支情况、本国和外国的经济水平、本国产品相对价格、本国和外国利率、本币即期汇率等因素的影响。

国际收支的弹性分析法是基于国际借贷学说发展出来的理论，侧重于研究汇率变化对于国际贸易收支的影响，代表性的理论有马歇尔—勒纳条件、毕克戴克—罗宾逊—梅茨勒条件、J 曲线理论等，认为在满足一定条件下，本币汇率贬值会改善国际贸易收支，但这种效果存在一定的滞后效应，国际收支曲线呈现字母 J 的形状。

IS－LM－BP 模型是基于 IS－LM 模型发展出来的分析方法，扩展了传统的 IS – LM 没有涉及的对外贸易领域，通过增加 BP 曲线引入了关于汇率对于国际收支均衡情况的分析。该模型解释了国内产品市场和金融市场之间的相互联系，分析消费、投资、政府支出、利率、国际贸易差额等变量的相互作用关系及均衡状态效果。该模型关注于分析产品市场、金融市场、外汇市场之间的均衡情况，国际收支不同状态下的内部均衡状况，以及各种因素对于均衡状态的影响作用。

国际收支调节的吸收论是基于国际借贷学说发展出来的另一种理论，该理论侧重于宏观一般均衡分析，考量总收入与总支出对于国际收支的影响，货币贬值政策对于国际贸易的作用，提出了政策搭配建议，认为一个国家通过货币贬值来改善国际收支状况的前提是该国国内存在足够的闲置资源，而且该国边际吸收倾向小于1。

货币主义汇率理论是基于现代货币数量论发展起来的汇率理论，侧重于分析货币因素在汇率决定过程中的作用，认为一个国家的货币供给及货币政策对该国货币汇率的变化有着直接的关联关系，汇率是两个国家货币的相对价格，由两国市场的货币存量决定；此外，汇率还会受到本国和外国国民收入、名义利率以及预期通货膨胀率的影响。

汇率资产组合分析理论是基于资产组合选择理论建立的资产组合分析模型，认为汇率是由包括本国货币、本国资产、外国资产在内存量金融资产的结构平衡所决定的，当资产市场的均衡状态被打破，则会通过经常项目和汇率的动态作用机制，在短期内进行着不断地调整，直到达到长期的均衡状态。

4

汇率波动对于国际贸易的传导机制分析

通过对汇率和国际贸易关系这一研究领域的主要理论进行分析和总结，参考前期学者的研究结论，同时结合本书研究命题，我们在假设其他经济条件保持不变的情况下，仅从传导作用的影响机制来分析汇率变动对于国际贸易的影响。我们可以发现，从理论上来讲，汇率对于国际贸易影响的传导机制（Pass – through Mechanism）总体上可以从两个主要传导渠道来考虑，分别为价格弹性渠道（Price Elasticity Channel）和风险偏好渠道（Risk Preference Channel）。价格弹性渠道分析的是汇率水平变化对国际贸易的影响作用，即货币贬值、货币升值对国际贸易会产生什么样的效果；风险偏好渠道分析的是汇率变化所带来的汇率波动风险对于国际贸易的影响作用。在本章中，我们将运用数学和理论分析方法对上述两种传导渠道的机制原理和作用效果来进行分析，在此基础上厘清汇率波动对于国际贸易的传导机制。

4.1 价格弹性渠道的传导机制分析

在本章中，我们首先来分析汇率通过价格弹性渠道对于进出口贸易的传导作用。价格弹性渠道侧重于分析汇率水平变化引起的进出口产品相对价格的变化对国际贸易的影响。汇率对国际贸易传导过程的基础是相对价格，汇率作为两种货币交换的价值比例，其本身就是一种特殊的价格，通过汇率的价格转化，各国商品的价格就有了可比性，而汇率的变化会使各国商品的相对价格发生变化，进而影响到国际贸易情况的变化。因此，一个国家汇率变化产生的直接作用效果便是进出口产品相对价格的变化，即价格效应。一般来讲，根据货币主义汇率理论的思想，汇率变化导致货币的升值或贬值，进而产生进出口产品相对价格的变化，在进出口产品供给和需求弹性的约束下，进出口产品相对价格的变化将导致进出口贸易额的变化。下面通过数学公式的推导就汇率变化对国际贸易通过价格弹性渠道的影响进行证明。

本书借鉴汇率弹性分析法和 IS – LM – BP 模型的分析思路（厉以宁，2005），并进行适当地简化，将汇率、进出口贸易额、进出口产品价格、进出口产品需求量、进出口产品供给量联系起来，分别建立汇率对于进口、出口贸易影响的分析框架，通过推导出口、进口汇率弹性，来分析汇率变化对于进出口贸易的传导效应。

为简化分析，突出研究重点，我们首先设立如下假设条件：（1）只考虑汇率水平变化对于进出口贸易总量和贸易总额的影响，在此过程中，其他因素保持不变；（2）进口贸易总额等于进口数量乘以进口商品价格，出口贸易总额等于出口商品数量乘以出口商品价格；（3）只考虑进出口商品贸易往来，不存在国际资本和劳务的流动；（4）出口贸易商品为一般商品，价格变化对于贸易额的传递是实时的。

在上述假设条件下，我们用 X 表示出口贸易额，M 表示进口贸易额，Q_{DX} 表示外国对本国出口产品的需求量，Q_{SX} 表示本国出口产品的供给量，Q_{DM} 表示本国对国外产品的进口需求量，Q_{SM} 表示国外出口产品的供给量，P_X 表示出口产品本币价格，P_M 表示进口产品本币价格，P_X^* 表示出口产品外币价格，P_M^* 表示进口产品外币价格，e 表示汇率，本国货币升值时汇率 e 下降，反之 e 升高，则有

$$X = P_X \cdot Q_{DX}, M = P_M \cdot Q_{SM}, P_X = e \cdot P_X^*, P_M = e \cdot P_M^*$$

出口需求价格弹性：$E_{DX} = \dfrac{dQ_{DX}}{dP_X^*} \cdot \dfrac{P_X^*}{Q_{DX}} = Q'_{DX} \cdot \dfrac{P_X^*}{Q_{DX}}$

出口供给价格弹性：$E_{SX} = \dfrac{dQ_{SX}}{dP_X} \cdot \dfrac{P_X}{Q_{SX}} = Q'_{SX} \cdot \dfrac{P_X}{Q_{SX}}$

为分析汇率变化对于进出口贸易的影响，本书引入了出口汇率弹性 E_{RX} 和进口汇率弹性 E_{RM}，用来说明汇率变化对于出口、进口贸易额变化的影响，计算公式如下：

$$E_{RX} = \frac{dX}{de} \cdot \frac{e}{X} \qquad\qquad E_{RM} = \frac{dM}{de} \cdot \frac{e}{M}$$

从汇率对出口贸易的影响情况出发来进行分析，假设对外出口贸易处在均衡的状态下，那么出口产品的供给量应该等于外国对我国出口产品的需求量，有 $Q_{DX} = Q_{SX}$。用 $B_X = Q_{DX} - Q_{SX}$ 来表示本国出口贸易需求和供给的差额，因为本国出口产品的需求来自于外部，供给来源于国内，则 Q_{DX} 和 Q_{SX} 分别为出口产品外币价格 P_X^* 和本币价格 P_X 的函数，出口需求价格函数表示为 $Q_{DX} = Q_{DX}(P_X^*)$，出口供给价格函数表示为 $Q_{SX} = Q_{SX}(P_X)$。由于 $P_X = e \cdot P_X^*$，因此，本国出口贸易需求和供给的差额 B_X 可以表示为出口产品外币价格 P_X^* 和汇率 e 的函数，有 $B_X = B_X(P_X^*, e)$。基于上述设定，本国出口贸易差额可以写成方程（4-1）的形式：

$$B_X = B_X(P_X^*, e) = Q_{DX}(P_X^*) - Q_{SX}(P_X) = 0 \qquad (4-1)$$

对方程（4-1）进行全微分，可得

$$dB_X = \frac{\partial B_X}{\partial P_X^*} \cdot dP_X^* + \frac{\partial B_X}{\partial e} \cdot de = 0$$

进行整理可得　　　$\dfrac{dP_X^*}{de} = -\dfrac{\dfrac{\partial B_X}{\partial e}}{\dfrac{\partial B_X}{\partial P_X^*}}$　　　　　　　　　　（4－2）

在方程（4－2）中，分别对 B_X 取 P_X^* 和 e 的偏导数可得

$$\frac{\partial B_X}{\partial P_X^*} = Q'_{DX} - Q'_{SX} \cdot e \qquad \frac{\partial B_X}{\partial e} = -Q'_{SX} \cdot P_X^* \qquad （4－3）$$

将方程组（4－3）代入方程（4－2）可得

$$\frac{dP_X^*}{de} = -\frac{-Q'_{SX} \cdot P_X^*}{Q'_{DX} - Q'_{SX} \cdot e} = \frac{Q'_{SX} \cdot P_X^*}{Q'_{DX} - Q'_{SX} \cdot e} = \frac{P_X^*}{e} \cdot \frac{1}{\dfrac{Q'_{DX}}{Q'_{SX} \cdot e} - 1}$$

$$（4－4）$$

再将 $P_X = e \cdot P_X^*$ 代入方程（4－4）可得

$$\frac{dP_X^*}{de} = \frac{P_X^*}{e} \cdot \frac{1}{\dfrac{Q'_{DX} \cdot P_X^*}{Q'_{SX} \cdot P_X} - 1} \qquad （4－5）$$

我们对方程（4－5）中最右项的分母中的 $\dfrac{Q'_{DX} \cdot P_X^*}{Q'_{SX} \cdot P_X}$ 式进行上下同

除以 Q_{DX} 的处理可得

$$\frac{dP_X^*}{de} = \frac{P_X^*}{e} \cdot \frac{1}{\dfrac{\dfrac{Q'_{DX} \cdot P_X^*}{Q_{DX}}}{\dfrac{Q'_{SX} \cdot P_X}{Q_{DX}}} - 1} \qquad （4－6）$$

基于出口贸易处于均衡状态下的假设，出口产品供给量等于需求量，$Q_{DX} = Q_{SX}$；因此，方程（4－6）可以写成：

$$\frac{dP_X^*}{de} = \frac{P_X^*}{e} \cdot \frac{1}{\dfrac{E_{DX}}{E_{SX}} - 1} = \frac{P_X^*}{e} \cdot \frac{E_{SX}}{E_{DX} - E_{SX}} \qquad （4－7）$$

出口贸易额 $X = P_X \cdot Q_{DX}$，将出口贸易额 X 对汇率 e 求导，可得

$$\frac{dX}{de} = \frac{dQ_{DX}}{de} \cdot P_X + Q_{DX} \cdot \frac{dP_X}{de}$$

由于 $Q_{DX} = Q_{DX}(P_X^*)$，$P_X = e \cdot P_X^*$，则有

$$\frac{dX}{de} = \frac{dQ_{DX}}{dP_X^*} \cdot \frac{dP_X^*}{de} \cdot P_X + Q_{DX} \cdot \left(P_X^* + \frac{dP_X^*}{de} \cdot e \right) \quad (4-8)$$

对方程（4-8）进行整理可得

$$\frac{dX}{de} = Q_{DX} \cdot P_X^* + e \cdot Q_{DX} \cdot \frac{dP_X^*}{de} \left(1 + \frac{Q'_{DX}}{Q_{DX}} \cdot P_X^* \right)$$

$$\frac{dX}{de} = Q_{DX} \cdot P_X^* + e \cdot Q_{DX} \cdot \frac{dP_X^*}{de} (1 + E_{DX}) \quad (4-9)$$

将方程（4-7）代入方程（4-9）可得

$$\frac{dX}{de} = Q_{DX} \cdot P_X^* \cdot \frac{E_{DX}(1 + E_{SX})}{E_{DX} - E_{SX}} \quad (4-10)$$

将方程（4-10）代入出口汇率弹性方程中则有

$$E_{RX} = \frac{dX}{de} \cdot \frac{e}{X} = Q_{DX} \cdot P_X^* \cdot \frac{e}{X} \cdot \frac{E_{DX}(1 + E_{SX})}{E_{DX} - E_{SX}}$$

在上式中，$X = P_X \cdot Q_{DX} = e \cdot P_X^* \cdot Q_{DX}$，代入消掉相同项，因此，得到出口汇率弹性为

$$E_{RX} = \frac{E_{DX}(1 + E_{SX})}{E_{DX} - E_{SX}} \quad (4-11)$$

利用同样的思路，可以得到进口汇率弹性方程：

$$E_{RX} = \frac{E_{DM}(1 + E_{SM})}{E_{SM} - E_{DM}} \quad (4-12)$$

在出口汇率弹性的计算方程（4-11）中，对于一般商品，价格的升高将导致需求的下降和供给的提高，那么，出口需求价格弹性 E_{DX} 小于零，出口供给价格弹性 E_{SX} 大于零，计算公式中分子和分母都小于零，因此，出口汇率弹性 E_{RX} 大于零，说明了在一般情况下，本国货币升值将导致出口贸易减少，本国货币贬值将导致出口贸易的增加。

同理，在进口汇率弹性的计算公式中，进口需求价格弹性 E_{DM} 小于零，进口价格供给弹性 E_{SM} 大于零，分子小于零、分母大于零，因此，进口汇率弹性 E_{RM} 小于零，说明本国货币升值将导致进口贸易的增加，贬值将导致进口的减少。从贸易总量情况来看，当本币升值的时候，通过上述的传导机制，进口贸易增加，出口贸易减少，这将会导致国际贸易逆差的增加，而在本币贬值的时候，国际贸易收支情况将得到改善。

图 4-1 展现了汇率通过价格弹性渠道的国际贸易传导机制。在本币汇率水平下降的情形下，本国货币贬值将导致进口产品的国内价格上升，对于非低需求价格弹性的一般进口产品，通过收入效应（Income Effect）和替代效应（Substitution Effect）的作用，将导致进口的减少；同时，本国货币贬值将导致本国出口产品的国外价格下降，对于非低需求价格弹性的一般出口产品，这将有利于本国产品出口的增长。与此同时，本国货币贬值将导致本国出口产品的国外价格下降，对于非低需求价格弹性的一般出口产品，这将有利于本国产品出口的增长。在本币汇率水平上升的情形下，本国货币升值将引起出口产品的国内价格下降，对于非低需求价格弹性的一般出口产品，同样通过收入效应和替代效应的作用，将导致出口的增长，基于同样的原理，本币升值将带来进口贸易的增加。

基于对购买力平价学说和货币主义汇率理论的观点，一价定律（The Law of One Price）和购买力平价（Purchasing Power Parity）的假设在现实中是无法完全实现的，因为现实中没有完全竞争市场和完全的价格弹性，那么汇率波动所带来的价格传递往往是不完全的，会受到需求弹性、规模报酬、成本加成、定价策略、贸易壁垒、市场分割等微观经济因素和经济开放程度、货币政策、国家规模、通货膨胀率等宏观经济因素的影响。所以，从总量上来看，在现实情况下，汇率水平变化对于国际贸易收支的传导作用是不完全的。

根据前面理论回顾中所述，按照国际收支弹性分析法的思路，汇率

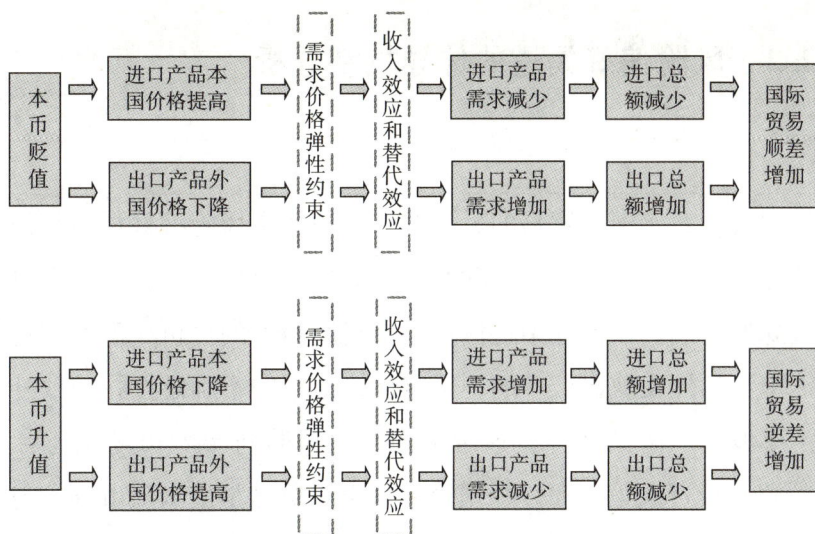

图 4−1　价格弹性渠道的传导机制

变动对于国际贸易产生何种影响，可以结合进出口产品的需求价格弹性
进行马歇尔—勒纳条件分析。从理论上来讲，如果进出口产品需求价格
弹性之和大于1，那么货币贬值将改善国际贸易收支；如果进出口产品
需求价格弹性之和小于1，那么货币贬值将恶化国际贸易收支；如果进
出口产品需求价格弹性之和等于1，那么货币贬值不会对国际贸易收支
产生影响。因此，汇率通过进出口产品价格弹性的渠道将自身的变化传
导到国际贸易上。

当然，正如马吉（S. P. Magee）所指出的，理论上在货币贬值初
期，由于本国生产和消费具有粘性作用，汇率的变化不会及时传递到国
际贸易上，存在 J 曲线效应，即在货币贬值的初期，国际贸易收支逆差
不升反降，到达低点后，逆差逐渐缩小并转为顺差。总之，从理论上来
看，汇率可以通过价格弹性渠道将自身的变化传导到国际贸易上，但在
现实中这种传导是不完全的且存在一定的时滞效应。

4.2　风险偏好渠道的传导机制分析

汇率波动对于国际贸易的另一个传导渠道是风险偏好渠道，该渠道考虑的侧重点在于分析汇率波动所带来的外汇市场上的汇率波动风险对国际贸易的影响。该传导渠道偏重于微观层面上的分析，汇率变化所带来的汇率波动性反映出汇率的不确定性，汇率的不确定性将导致外汇市场上汇率波动风险的产生，这种汇率波动风险将影响市场参与者（厂商）的贸易投资决策。而一个国家的进出口贸易是由众多市场参与者的贸易活动共同构成的，经济学一般假设市场参与者具有风险厌恶的性质，市场参与者面对汇率波动风险时，如果对预期汇率风险水平较高，他们处于实现利率最大化的考虑，将通过减少与汇率有关的投资和贸易决策来规避由于汇率风险提高带来的损失，因此，市场参与者贸易决策的变化将引起其与国外的贸易量变化，个体效果加总后将导致一个国家进出口贸易总量发生变化。

汇率波动风险对于进出口贸易的影响产生于微观层面市场参与者贸易决策的变化，受 Ethier（1973）以及 Hooper 和 Kohlhagen（1978）等研究的启发，本书从进口厂商、出口厂商面对汇率风险时的行为出发，利用产出、利润、效用函数之间的关系将汇率波动风险和进出口贸易联系起来，分析汇率波动风险对进出口贸易的影响作用。

首先假设出口供给和进口需求存在市场均衡；国内厂商从国外进口商品作为一部分生产要素投入国内的生产；进口厂商、出口厂商进行套期保值的行为与汇率风险大小无关，在贸易商品交易中，进行套期保值部分的占比是固定的。

1. 进口厂商的进口需求分析

假设国内厂商进口的商品用作其生产的投入，进口厂商的产出方

程为

$$Q = a \cdot P + b \cdot P_D + c \cdot Y + d \cdot C_N \qquad (4-13)$$

式中，P 为进口商品价格，P_D 为国内商品的价格，Y 表示进口厂商经营收入，C_N 表示其他非价格因素，Q 为 P 和 C_N 的减函数，为 P_D 和 Y 的增函数，产出方程中变量的系数是固定的，α、$d < 0$，b、$c > 0$。

国内进口厂商的效用函数为

$$U = E(\textstyle\prod) - r \cdot \left[V(\textstyle\prod) \right]^{\frac{1}{2}} \qquad (4-14)$$

式中，$E(\prod)$ 为预期收益，$\left[V(\prod) \right]^{\frac{1}{2}}$ 为收益的标准差；r 表示风险偏好，r 大于零表示厂商为风险厌恶型，r 小于零表示厂商为风险喜好型，r 等于零表示厂商为风险中性型。

进口厂商的利润方程：

$$\textstyle\prod = Q \cdot P - C_S \cdot Q - H \cdot P^* \cdot i \cdot Q \qquad (4-15)$$

式中，C_S 为单位生产成本，P^* 表示商品价格，即进口商品的价格，i 表示进口商品占产出的比率，该比率是固定的。用 q 表示国内企业生产 Q 所需要的进口商品的数量，$P = i \cdot Q$。H 表示进口商品价格的加权平均系数，即表示进口贸易中，有多少份额的商品进口在贸易的过程中对其进行了套期保值，$H \cdot P^* \cdot i \cdot Q$ 表示总进口成本。

$$H = \beta \cdot \left[\alpha \cdot F + (1 - \alpha) R_1 \right] + (1 - \beta) \cdot R \qquad (4-16)$$

式中，β 表示以国外出口商货币标价的贸易合同占比，因此，$1 - \beta$ 表示以本币标价的合同占比，用 R 来表示汇率，则以本国货币标价的进口商品成本为 $(1 - \beta) R \cdot P^* \cdot q$。

正如前面所述，以外币标价的进口合同中，有一部分会进行套期保值操作，这部分在以外币标价的合同中占比为 α，用 F 来表示用于套期保值的远期汇率，这部分的成本为 $\alpha \cdot F$。没有进行套期保值的产品占比为 $1 - \alpha$，用 R_1 来表示合同到期时的汇率，则以外币标价的进口商品

的成本为 $\beta \cdot (1 - \alpha) R_1 \cdot P^* \cdot q$。由于合同到期时的汇率 R_1 是不确定的，那么，以外币计价的进口商品成本也是不确定的。

假设 R_1 和 P 的协方差为零，即 $\mathrm{cov}(R_1, P) = 0$，则进口厂商的利润的方差可以表示为

$$V(\textstyle\prod) = [P^* \cdot i \cdot Q \cdot \beta \cdot (1 - \alpha)]^2 \cdot \sigma^2 = (P^* \cdot i \cdot Q \cdot k)^2 \cdot \sigma^2$$

$$(4 - 17)$$

式中，σ^2 表示合同到期时的汇率 R_1 的方差，$k = \beta \cdot (1 - \alpha)$。

将进口厂商的利润函数以及利润的方差代入效用方程可得

$$U = E(Q \cdot P - C_S \cdot Q - H \cdot P^* \cdot i \cdot Q) - r \cdot \{V[(P^* \cdot i \cdot Q \cdot k)^2 \cdot \sigma^2]\}^{\frac{1}{2}}$$

$$= Q \cdot P - C_S \cdot Q - EH \cdot P^* \cdot i \cdot Q - r \cdot P^* \cdot i \cdot Q \cdot k \cdot \sigma$$

式中，EH 表示 H 的期望值。

由于厂商通过选择产出水平 Q 来追求效用最大化，$\mathrm{MAX}\{U\}$，那么则有

$$\frac{\partial U}{\partial Q} = Q \cdot \frac{\partial P}{\partial Q} + P - C_S - EH \cdot P^* \cdot i - r \cdot P^* \cdot i \cdot k \cdot \sigma = 0$$

$P = i \cdot Q$，且由方程（4 - 13）可得 $\dfrac{\partial P}{\partial Q} = \dfrac{1}{a}$，代入上式可得

$$Q \cdot \frac{1}{a} + P - C_S - P^* \cdot i(EH + r \cdot k \cdot \sigma) = 0$$

将方程（4 - 13）和 $P = i \cdot Q$ 代入上式，整理后可得单个进口厂商的进口需求方程为

$$q = \frac{i}{2}(a \cdot C_S + b \cdot P_D + c \cdot Y + d \cdot C_N) + \frac{a \cdot i^2}{2}P^*(EH + r \cdot k \cdot \sigma)$$

$$(4 - 18)$$

2. 出口厂商的出口供给分析

假设出口厂商的出口专供给进口厂商，出口厂商的生产要素中不涉及进口商品的投入，总产量为 q^*，在出口的商品中，以出口厂商货币价格 P^* 标价的商品占比为 β，以进口厂商货币 P 价格标价的商品占比

为 $1-\beta$，出口商同时给 n 个相同的进口商供货，那么出口厂商总产量可以表示为

$$q^* = n \cdot q = \frac{n \cdot i}{2}(a \cdot C_S + b \cdot P_D + c \cdot Y + d \cdot C_N)$$

$$+ \frac{a \cdot n \cdot i^2}{2} P^* (EH + r \cdot k \cdot \sigma) \qquad (4-19)$$

出口厂商的效用函数为

$$U^* = E(\textstyle\prod^*) - r^* \cdot [V(\textstyle\prod^*)]^{\frac{1}{2}} \qquad (4-20)$$

假设出口厂商生产要素投入中不存在进口商品，则出口厂商的利润函数为

$$\textstyle\prod^* = H^* \cdot P^*(q^*) \cdot q^* - C_S^* \cdot q^* \qquad (4-21)$$

式中，$H^* = \beta + (1-\beta) \cdot \left[\alpha^* \cdot \dfrac{R}{F} + (1-\alpha^*) \cdot \dfrac{R}{R_1}\right]$

U_S^* 表示出口厂商的单位生产成本，α^* 表示外币标价的合同中占比，R_1 表示合同到期时的汇率，是不确定的。H^* 表示出口厂商所在国货币标价的调整系数，包括没有进行套期保值的出口合同在合同期内由于汇率变化所引起的实际支付金额变化，以及进行套期保值的出口合同所支付的套期保值成本，用即期汇率和远期汇率的差额来表示。

出口厂商的利润的方差为

$$V(\textstyle\prod^*) = [P^* \cdot q^* \cdot (1-\beta) \cdot (1-\alpha^*) \cdot R]^2 \cdot \sigma_1^2$$

$$= [P^* \cdot q^* \cdot k^* \cdot R]^2 \cdot \sigma_1^2 \qquad (4-22)$$

式中，$k^* = (1-\beta) \cdot (1-\alpha^*) \cdot R$，$\sigma_1^2$ 是 $\dfrac{1}{R_1}$ 的方差。

将出口厂商的利润函数以及利润的方差代入效用方程可得

$$U^* = E(H^* \cdot P^* \cdot q^* - C_S^* \cdot q^*) - r^* \cdot \{V[(P^* \cdot q^* \cdot k^*)^2 \cdot \sigma_1^2]\}^{\frac{1}{2}}$$

$$= P^* \cdot q^* \cdot EH^* - C_S^* \cdot q^* - r^* \cdot P^* \cdot q^* \cdot k^* \cdot \sigma_1$$

出口厂商通过选择产出水平 q^* 来追求效用最大化，$\mathrm{MAX}\{U^*\}$，整

理可得

$$\left(P^* + q^* \cdot \frac{\partial P^*}{\partial q^*} \right) \cdot (EH^* - r^* \cdot q^* \cdot \sigma_1{}^2) - C_S^* = 0$$

对上式进行整理，出口厂商效用最大化时的产出为

$$q^* = \frac{\partial q^*}{\partial P^*} \left(\frac{C_S^*}{EH^* - r \cdot k \cdot \sigma_1} - P^* \right) \qquad (4-23)$$

3. 均衡状态分析

由方程（4-18）可得

$$P^* = \frac{q^* - \frac{n \cdot i}{2}(a \cdot C_S + b \cdot P_D + c \cdot Y + d \cdot C_N)}{\frac{a \cdot n \cdot i^2}{2}(EH + r \cdot k \cdot \sigma)}$$

上式两边对 q^* 求导可得

$$\frac{\partial P^*}{\partial q^*} = \frac{2}{a \cdot n \cdot i^2 \cdot (EH + r \cdot k \cdot \sigma)}$$

将上式代入方程（4-23）可得

$$q^* = \frac{a \cdot n \cdot i^2 \cdot (EH + r \cdot k \cdot \sigma)}{2} \cdot \left(\frac{C_S^*}{EH^* - r \cdot k \cdot \sigma_1} - P^* \right)$$

$$(4-24)$$

将上式代入方程（4-19）可求得均衡状态下的价格方程：

$$P^* = \frac{C_S^*}{2(EH^* - r^* \cdot k^* \cdot \sigma_1)} - \frac{a \cdot C_S + b \cdot P_D + c \cdot Y + d \cdot C_N}{2a \cdot n \cdot i(EH + r \cdot k \cdot \sigma)}$$

$$(4-25)$$

将 P^* 的计算式代入方程（4-24），整理后可得均衡状态下的出口量方程：

$$q^* = \frac{n \cdot a \cdot i^2}{4} \frac{C_S^*(EH + r \cdot k \cdot \sigma)}{(EH^* - r^* \cdot k^* \cdot \sigma_1{}^*)} - \frac{n \cdot i}{4}(a \cdot C_S + b \cdot P_D + c \cdot Y + d \cdot C_N)$$

$$(4-26)$$

已知 σ^2 和 $\sigma_1^{\ 2}$ 分别是 R_1 和 $\dfrac{1}{R_1}$ 的方差，则 σ 和 σ_1 分别为 R_1 和 $\dfrac{1}{R_1}$ 的

标准差，当汇率样本足够多时，σ_1 可以近似用 $\sigma \cdot \dfrac{1}{R_1^{\ 2}}$ 来表示。

汇率的方差和标准差可以反映出汇率波动风险，在方程（4－26）中对汇率的标准差求导可得

$$\frac{\partial q^*}{\partial \sigma} = \frac{n \cdot a \cdot i^2 \cdot C_S^*}{4(EH^* - r^* \cdot k^* \cdot R_1^{\ -2} \cdot \sigma)} \cdot \left(\frac{(EH + r \cdot k \cdot \sigma) \cdot r^* \cdot k^* \cdot R_1^{\ -2}}{EH^* - r^* \cdot k^* \cdot R_1^{\ -2} \cdot \sigma} + r \cdot k \right)$$

式中，$\alpha < 0$，n、k、k^*、$\sigma > 0$，将 H^* 代入 $EH^* - r^* \cdot k^* \cdot R_1^{\ -2} \cdot \sigma$ 发现该式大于零。一般经济学分析假设进出口厂商均为风险厌恶型的，风险偏好 r 和 r^* 均大于零，可以推断出 $\dfrac{\partial q^*}{\partial \sigma} < 0$，那么，汇率风险的增强将对进出口贸易额带来负面的影响。如果厂商的风险偏好为中性的，则 r 和 r^* 等于零，那么 $\dfrac{\partial q^*}{\partial \sigma} = 0$，汇率风险不会对国际贸易产生影响。如果厂商的风险偏好为风险喜好型的，则 r 和 r^* 大于零，那么 $\dfrac{\partial q^*}{\partial \sigma} > 0$，汇率风险的增强会对贸易产生促进作用。

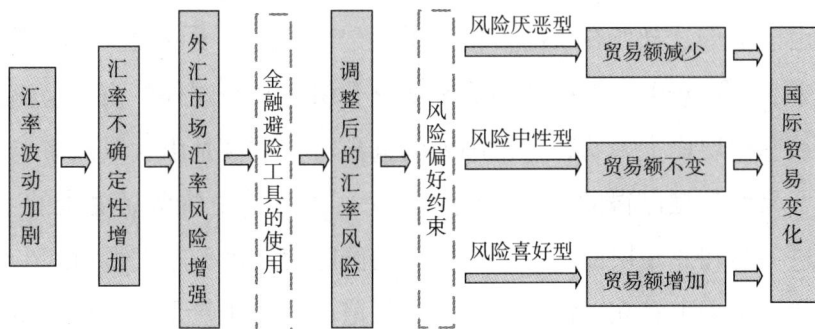

图 4－2　风险偏好渠道的传导机制

图 4－2 展现了汇率通过风险偏好渠道的传导机制，汇率波动带来了汇率的不确定性，这种不确定性导致了外汇市场上的汇率波动风险，

表现在进出口商品价格的不确定性，市场参与者的贸易成本将会提高。根据微观经济学中的风险偏好理论，市场参与者或厂商的风险偏好从总体上可以概括性地分为三种类型，即风险厌恶（Risk Averse）型、风险中性（Risk Neutral）型和风险喜好（Risk Loving）型。对于一个风险厌恶型的进出口贸易厂商，面对汇率不确定性增强时，倾向于与汇率相关性较小的交易，减少国外贸易，增加国内贸易，那么进出口贸易量会相应地减少。对于一个风险中性型的贸易厂商，面对汇率的不确定性时，往往不会改变其贸易决策。对于一个风险喜好型的贸易厂商，汇率的不确定性将给其提供更多的套利的机会，因此，此类厂商在汇率波动性增强时，其国际贸易额将增加。在进行一般的经济学分析时，人们通常假设市场参与者的风险偏好为风险厌恶型，在这种假设前提下，外汇市场上汇率风险的提升将阻碍市场参与者的国际贸易活动，对国际贸易带来负面的影响。

市场参与者在进行贸易决策时会对汇率波动风险进行判断，市场参与者的风险偏好在一定程度上会对其贸易决策产生影响。在汇率波动风险较高的情况下，市场参与者通过减少与国外厂商的贸易或将部分与国外厂商的贸易转到国内来进行，在国内寻找可替代的商品或服务，进而规避由于汇率波动所带来的价格的不确定性可能蒙受的损失。从微观层面上来看，市场参与者的贸易决策变化会引起其与国外厂商贸易额的变化，从总量层面上来看，一个国家的进出口贸易额是由大量的市场参与者的贸易额积累而得的，那么汇率波动所带来的个体贸易决策的变化，将会进一步在总量层面上对一个国家的国际贸易水平产生影响。

如果市场上存在可用于进行套期保值的金融避险工具，那么市场参与者面对汇率波动风险时，采用金融避险工具可以降低甚至抵消汇率波动风险。如果金融避险工具的使用是完全有效的，那么市场参与者的贸易决策将不会受到汇率波动风险的影响，因为市场参与者所面对的汇率波动风险被金融避险工具完全抵消，实际风险暴露为零。因此，结合价格弹性渠道的传导机制分析，市场参与者的贸易决策仅受出口、进口商品价格的影响，在这种情况下，汇率波动对于国际贸易的传导机制就是单一的价格弹性渠道的传导。但是，这种极端的情况在现实中是不存在的，我们进行实证分析时，必须兼顾考虑两个方面的传导作用效果，以便得出更为全面的分析结论。

汇率通过风险偏好渠道对国际贸易的传导效应也是不完全的，原因在于：首先，市场参与者总体的风险偏好性质将决定汇率风险对国际贸易额产生影响的作用程度，如果总体的风险偏好为风险厌恶，那么汇率风险的增加将不利于国际贸易，但总体偏好往往不是百分之百风险厌恶的。其次，如果一个国家或地区具有发达的金融市场，市场参与者具有较好的风险防范意识和能力，可以有效地使用金融避险工具来规避外汇市场上的汇率波动风险，汇率波动风险对国际贸易额的影响将会大大降低，但是现实中不存在金融避险工具完全有效的情况。对于欠发达的国家或地区，金融市场不完善，金融避险工具可用性不强、使用效率不高，那么汇率波动风险的提高将在更大程度上影响该国或地区的国际贸易。这也说明了为什么大部分欠发达的国家或地区以及小型经济体在汇率制度的选择上往往倾向于采用固定汇率制度来避免本币汇率的剧烈波动。欧元区的建立初衷也有一部分是出于降低国际贸易成本、规避成员国在使用不同货币进行贸易结算时所面对的汇率波动风险等因素的考虑。

4.3 总体传导机制分析

由于这两个渠道的理论背景不同，其分析的侧重点也不同。在理论上，上述两个方面传导机制具有叠加效应，两个方面传导机制所产生的效果加总，即为汇率波动对于国际贸易的主要传导效应。根据此分析思路，便可以解释汇率波动对于国际贸易的传导机制（如图 4 - 3 所示）。

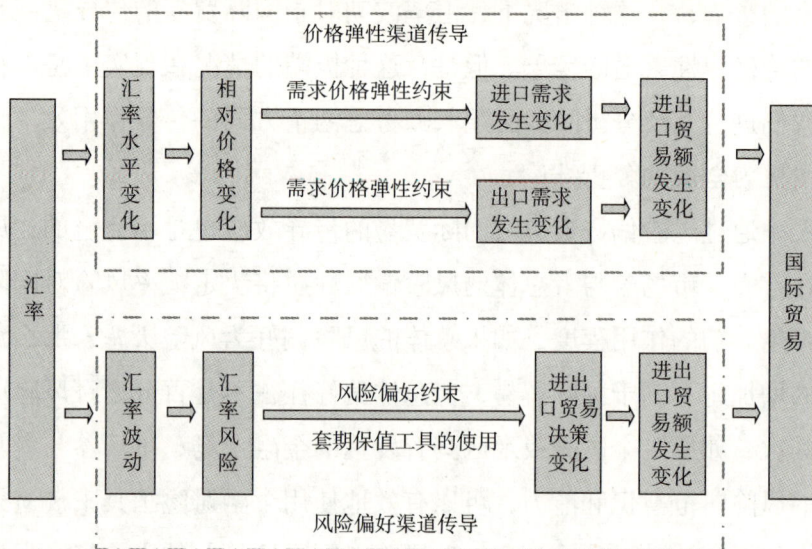

图 4-3 汇率对于国际贸易的传导机制

汇率通过价格弹性渠道和风险偏好渠道两种主要途径将自身的变化传导至国际贸易额的变化上。我们首先来分析汇率水平的变化，汇率水平的变化将导致进出口产品相对价格的变化，在需求价格弹性、供给价格弹性的约束下，进口产品的需求、出口产品的供给将发生变化，进而引起进出口贸易额的变化，但这种传导是不完全的，传导效应的大小主要取决于进出口产品价格弹性的大小。对于风险偏好渠道的传导机制，汇率波动加剧将会导致外汇市场上汇率波动风险的提高，在市场参与者风险偏好的约束下，市场参与者的贸易决策将会发生变化，因此，进出口贸易额将发生变化。这种传导效应也是不完全的，主要取决于两个方面：一是市场参与者的风险偏好属性，二是金融市场的发达程度以及市场参与者对于金融避险工具的使用情况。

当然，该领域的主流理论还认为，国际贸易水平的变化会引起经济水平的变化，同时也可能带来货币供给、利率水平的变化，这些因素会对汇率的水平产生影响，因此，汇率与国际贸易的关系在理论上是相互的。此外，在理论上，汇率波动会对国内外经济带来一系列影响，除国际贸易外，还会影响到国外直接投资、就业、利率，而这些方面的变化会间接地对国际贸易产生一定的影响作用，整个影响作用机制是一个长期的、动态的、复杂的过程。

在本书中，鉴于从事贸易活动的市场参与者在生产和经营时所直接面对的便是由汇率水平变化引起的价格变化以及由汇率不确定性带来的汇率波动风险，为突出研究重点，我们基于局部均衡分析法的思路，在假设其他条件不变的情况下，着重分析汇率通过价格弹性渠道和风险偏好渠道对国际贸易的传导机制和传导作用。鉴于理论上汇率对于国际贸易具有价格弹性、风险偏好两种渠道的传导机制，本书很有必要在后续的实证分析中对两种传导渠道在我国国际贸易中的实际传导作用效果进行考量，通过构建人民币汇率水平变化对我国国际贸易影响的分析模型以及人民币汇率波动风险对我国国际贸易影响的分析模型来进行实证检验。

4.4　小结

在本章中，我们基于汇率与国际贸易关系这一研究领域的主要理论，对汇率波动对国际贸易传导机制进行了梳理。结合本研究命题，我们认为理论上，汇率主要是通过两个路径将自身的变化传导到国际贸易活动上，这两个路径分别为价格弹性渠道和风险偏好渠道，两个渠道影响的加总，即为汇率对于国际贸易的主要传导作用。

价格弹性渠道侧重于分析汇率变化引起的进出口产品价格的变化对进出口贸易所产生的影响，在进出口产品供给和需求价格弹性的约束下，进出口贸易额将发生变化，这在一定程度上将会引起进出口贸易总量的变化，传导效应的大小主要取决于进出口产品价格弹性的大小。

　　风险偏好渠道侧重于分析汇率波动风险对于进出口贸易的影响，汇率的波动会导致外汇市场上汇率风险的产生，而市场参与者的风险偏好属性以及市场上套期保值工具的发达程度将影响市场参与者面对汇率风险时的进出口贸易决策，这种决策的变化将会对进出口贸易总量产生影响。影响作用的大小主要取决于：一是市场参与者的风险偏好，二是金融市场的发达程度以及金融避险工具的使用情况。

　　上述价格弹性和风险偏好两个渠道影响的加总，即为汇率对于国际贸易的主要传导作用。总之，通过对该领域主流理论的回顾，我们明确了汇率的变动对于国际贸易影响的传导机制原理，厘清了本书实证研究部分的基本分析思路，并为实证研究模型的构建和模型变量选择提供了理论基础，这些理论将指导研究目标的达成，通过实证分析来检验人民币汇率波动对我国国际贸易的传导效应。

5

汇率水平对我国国际贸易影响分析

通过前面的理论分析发现，汇率主要通过两种途径将自身的变化传导到国际贸易上：一是价格弹性渠道的传导，即汇率水平变化对于国际贸易的影响；二是风险偏好渠道的传导，即汇率波动风险对于国际贸易的影响。价格弹性渠道的传导机制是汇率水平的变化引起相对价格变化，在需求弹性的约束下，将导致进出口贸易额的变化；风险偏好渠道的传导机制是汇率波动所带来的不确定性会引致外汇市场上的汇率波动风险，在市场参与者的风险偏好约束下，汇率波动风险将影响市场参与者的生产和贸易决策，进而导致进出口贸易额发生变化。本章将着重对第一种传导渠道的作用效果进行研究，即实证分析人民币汇率水平变化对我国国际贸易的影响作用。

总结前期相关实证研究后我们知道，汇率对于国际贸易的传导效应在现实中是存在的，但关于这种传导效应的影响作用效果，实证研究领域未能得到一个统一的结论。虽然大部分实证分析结论更倾向于汇率波动会对国际贸易产生不同程度的负面影响作用（如 Dell'Ariccia，1999；Kandilov，2008；Bahmani – Oskooee 和 Hegerty，2009；Chit 等，2010），但是这种结论并不具有普遍性，实证研究中也存在汇率波动同国际贸易有正向相关性（如 Franke，1991；Sercu 和 Vanhulle，1992；Viaene 和

De Vries，1992；Hsu 和 Chiang，2011）和相关性不显著（如 Koray 和
Lastrapes，1989；Gagnon，1993；Aristotelous，2001；Caglayan 和 Di，
2010）的分析结果。通过对研究对象、研究数据属性、研究模型构建、
模型估计方法选择等关键因素的进一步分析我们得知，该领域的实证研
究会得到什么样的分析结果很大程度上取决于一定时期内一个国家或者
地区汇率制度的特点、国际贸易的属性、实证研究模型的设定、研究方
法的选择等因素，这些因素均有可能左右分析结果。在自然条件无法改
变的前提下，模型设定和研究方法的选择是得出正确结论的关键前提，
与时俱进的实证探讨对当前的政策制定更具参考价值。虽然以往的实证
研究结论未能达成统一的认识，但这也是符合实际情况的，证明了汇率
水平变化对于国际贸易的传导效应在一定条件下是存在的，在实证领域
我们需要针对具体情况进行具体分析。本书对该领域前期相关研究进行
了较为全面地回顾，充分学习和借鉴前期研究的经验，发现并弥补存在
的不足，在此基础之上，建立准确、合理的研究模型，并基于权威统计
数据分析我国在 2005 年 7 月汇率制度改革，实施了更灵活的汇率制度
后，人民币汇率对我国进出口贸易所产生的传导效应。

5.1　模型设定和估计方法

在有关汇率水平变化对国际贸易影响作用的实证研究中，考虑到模
型设定的灵活性、变量之间格兰杰因果关系的检验、汇率水平变化对国
际贸易影响可能出现的滞后效应等因素，一些学者采用了较为成熟的向
量自回归（Vector Autoregression，VAR）模型来进行建模，如 Koray 和
Lastrapes（1989）、Chowdbury（1993）、Poon 等（2005）、卢向前和戴
国强（2005）。实践证明 VAR 模型对在这一领域问题的研究分析中具有
一定的优势。使用 VAR 模型和其衍生的向量误差修正模型（Vector Er-

ror Correction Model, VECM）来估计联合内生变量的动态关系，不需要带有任何事先约束条件，可以不必有复杂的经济学理论作为支撑，不必考虑模型变量之间的预设关系，回避了关于哪些变量应该作为外生变量的决策，模型变量选择的灵活性较强，可以适应变量之间的动态关系分析，是一种纯计量经济学的非结构化建模方法。在进行回归分析的基础上，基于向量自回归方法和向量误差修正模型可以进行格兰杰因果性检验（Granger Causality Test）来对变量之间的格兰杰因果关系进行分析，通过脉冲响应函数（Impulse Response Function）和方差分解技术（Variance Decomposition）来研究一个变量变化所带来的冲击作用对其他变量以及模型整体的影响及其贡献度，进而对变量之间所存在的政策性影响进行分析（Greene，2002）。基于上述优势考虑，本书在研究汇率水平变化对国际贸易的影响时，采用 VAR 模型来进行建模。

在前面理论分析的基础上，结合本书分析人民币汇率水平变化对我国国际贸易影响的研究目标，本书构建了包含汇率、我国经济情况、贸易情况、价格水平四变量的 VAR 模型来实证分析人民币汇率水平变化对于我国国际贸易的影响。其中，贸易情况包括进口贸易、出口贸易两种情况。VAR 模型的简化表达形式为式（5-1）所示。

$$z_t = \sum_{i=1}^{p} \Phi_i z_{t-i} + H w_t + \delta_t \qquad (5-1)$$

对于出口贸易 VAR 模型：$z_t = [LX_t, LE_t, LY_t, LPx_t]'$

对于进口贸易 VAR 模型：$z_t = [LM_t, LE_t, LY_t, LPm_t]'$

在以上方程中，考虑进口贸易、出口贸易和国际贸易收支情况时，由于模型变量存在差别，因此公式中 Z_t 表示的含义不同。X_t 表示我国出口贸易额，M_t 表示我国进口贸易额，反映我国国际贸易总量情况。Px_t 表示我国出口价格水平，Pm_t 表示我国进口价格水平。E_t 代表人民币兑 SDR

汇率[①]，之所以选择人民币兑 SDR 汇率，是因为该汇率能更加有效地反映人民币的国际价值。Y_t 表示我国的 GDP，用来反映我国总体经济情况。为了更精确地描述汇率变化对我国国际贸易的影响作用以及变量间的相互影响和这些影响作用的滞后效应，本书在模型中考虑采用月度时间序列数据。但由于我国对外公布的 GDP 数据最小频率为季度，参考前期相关研究的经验，本书选择用工业生产指数（Industrial Production Index）月度数据作为 GDP 的替代变量（Proxy）。在式（5 - 1）中，w_t 为一个确定的外生向量，代表常数项、趋势项等确定项，δ_t 是随机误差向量，Φ_i 和 H 是系数向量，p 为模型的滞后阶数（Order of VAR）。出于使变量趋势线性化的考虑，本书对模型变量进行了对数形式的转换，LX_t、LM_t、LE_t、LY_t、LPx_t、LPm_t 分别表示变量 X_t、M_t、E_t、Y_t、Px_t、Pm_t 的对数形式，用符号 Δ 表示时间序列数据的一阶差分形式。

根据模型估计的需要，我们对方程（5 - 1）进行差分形式的转化后可以使其由 I（1）过程转变 I（0）过程，得到方程（5 - 2）：

$$\Delta z_t = \prod z_{t-1} + \sum_{i=1}^{p-1} \Gamma_i \Delta z_{t-i} + Hw_t + \delta_t \qquad (5-2)$$

式中，$\prod = \sum_{i=1}^{p} \Phi_i - I$

$$\Gamma_i = -\sum_{j=i+1}^{p} \Phi j$$

因为 Δz_{t-i} 是由 I（0）变量构成的向量，那么只要 $\prod z_{t-1}$ 是水平平稳的向量，即 I（0）向量，即变量 $z_{1,t-1}$，$z_{2,t-1}$，$z_{3,t-1}$，$\cdots$，$z_{q,t-1}$ 之间存在协整关系，我们就可以认为 Δz_t 是平稳的过程，上述变量之间的协整关系主要取决于矩阵 $\prod$ 的秩 r。从理论上来讲，秩 r 的取值存在三种

---

①　SDR（Special Drawing Rights）即特别提款权，是国际货币基金组织设立的一种储备资产和记账单位，是以美元、欧元、日元、英镑等一篮子货币作为定价基础。在本书中，进行我国进出口贸易总量的分析时，使用人民币兑 SDR 汇率是较为合理的选择，因为它在全面性和有效性上要优于选择人民币兑美元汇率。

情况，分别为 $r=0$，$r=q$，$0<r<q$。就第一种情况 $r=0$ 时而言，可以看出方程（5-2）只是个差分方程，不需要考虑变量间的协整关系，所以我们不需要考虑 $r=0$ 的情况；就第二种情况 $r=q$ 时而言，只有当 $z_{1,t-1}$，$z_{2,t-1}$，$z_{3,t-1}$，$\cdots$，$z_{q,t-1}$ 全部为 I（0）变量时，才能满足 $\prod z_{t-1}$ 是 I（0）的向量，这与 z_t 为一阶差分后平稳，即 I（1）过程，这一前提条件相违背，$r=q$ 不成立，我们不需要考虑此种情况。综上所述，在秩 r 取值的三种情况中，我们只考虑第三种情况，即 $0<r<q$ 的情况。

当 $0<r<q$ 时，模型变量中存在 r 个协整组合，其余 $q-r$ 个关系仍为 I（1）过程，那么，矩阵 $\prod$ 可以分解为两个 q 乘 r 阶矩阵 α 和 β 的乘积，即 $\alpha\beta'$，在这种情况下，方程（5-2）可以写成方程（5-3）的形式：

$$\Delta z_t = \alpha\beta'z_{t-1} + \sum_{i=1}^{p-1} \Gamma_i\Delta z_{t-i} + Hw_t + \delta_t \qquad (5-3)$$

在方程（5-3）中，$\beta'z_{t-1}$ 每一行均为 I（0）向量，矩阵 β_i 为协整向量矩阵，它决定了 $z_{1,t-1}$，$z_{2,t-1}$，$z_{3,t-1}$，$\cdots$，$z_{q,t-1}$ 之间协整向量的个数 r 与协整向量的形式；矩阵 α 为调整向量矩阵，决定了每组协整组合的权重。Johansen 协整检验便是通过对矩阵 $\prod$ 的分析，根据最大特征值（Maximal Eigenvalue）检验和特征根迹（Trace）检验来计算其非特征根的数量，也就是矩阵 $\prod$ 秩的数量 r，从而确定协整关系的数量。

如果 VAR 模型中所包含的 P 个 I（1）的过程均存在有协整关系，那么，基于方程（5-3），不包含外生变量的模型方程可以写成：

$$\Delta z_t = \alpha\beta'z_{t-1} + \sum_{i=1}^{p-1} \Gamma_i\Delta z_{t-i} + \delta_t \qquad (5-4)$$

用向量误差修正模型（VECM）的形式可以表示为

$$\Delta z_t = \alpha ecm_{t-1} + \sum_{i=1}^{p-1} \Gamma_i\Delta z_{t-i} + \delta_t \qquad (5-5)$$

在方程（5-5）中，每一个方程均为误差修正方程，误差修正向量 $ecm_{t-1} = \beta'z_{t-1}$，反映变量之间的长期均衡关系，其系数矩阵 α 反映变量在偏离长期均衡状态时回调的速度，所有作为解释变量的差分项系数反映对于被解释变量短期的动态影响。所以，通过对向量误差修正模型进行估计，我们可以了解模型变量之间的长期关系和短期动态作用。

在本书中，基于 VAR 模型的实证检验遵循如下的基本步骤：（1）使用 ADF 单位根检验方法对数据的平稳性进行验证，确保模型中所纳入的数据序列是同阶单整的。（2）计算相关统计指标，确定模型的最优滞后阶数，采用 Johansen 检验进行变量之间协整性的判断，对于存在协整关系的模型，采用 AR Roots 检验来验证模型的稳定性。（3）构建向量误差修正模型，对其长期稳定关系和短期的动态影响进行估计。（4）使用格兰杰因果关系检验技术，对存在协整关系变量之间的格兰杰成因进行分析。（5）进一步探讨变量之间的关系，通过计算 VAR 模型的脉冲响应函数和方差分解来分析变量冲击对于系统的动态影响作用及影响贡献度情况。

5.2　研究数据说明

在本书中，考虑到研究模型的设定以及相关研究数据的可获得性和数据质量情况，我们选取包括我国进口贸易额月度数据、我国出口贸易额月度数据、我国工业生产指数月度数据、人民币兑 SDR 汇率月度数据（汇率为月度均值）。在时间跨度方面，我们考虑我国实行更灵活的汇率制度时期，即 2005 年 7 月以后采用不再盯住美元的浮动汇率制度时期，分析 2005 年 8 月到 2013 年 12 月的月度时间序列数据。在研究数据中，我国进出口贸易数据、工业生产指数数据来源于 WIND 资讯数据库，人民币兑 SDR 汇率数据来源于国际货币基金组织国际金融统计（IMF International Financial Statistics）数据库。在研究中，我们所使用的统计数据均为进行了季节调整的（Seasonal Adjusted）数据（采用

X12 季节调整方法），消除了季节性的干扰，可真实反映经济的变化情况，进而得出准确的分析结论。

研究数据选择中的一个重要问题是选用名义汇率（Nominal Exchange Rate）还是实际汇率（Real Exchange Rate）数据。名义汇率又称市场汇率，是指在社会经济生活中被直接公布、使用的表示两国货币之间比价关系的汇率。实际汇率是用两国价格水平对名义汇率进行调整后的汇率，反映了以同种货币表示的两国商品的相对价格水平。在前期实证研究中，学者对于汇率数据的选择不尽相同，存在不同的见解。一些研究使用的是名义汇率，如 Korner 和 Lastrapes（1989），Akhtar 和 Spence – Hilton（1991），Bini – Smaghi（1991），Qian 和 Varangis（1994），McKenzie 和 Brooks（1997）；也有一些研究采用的是实际汇率，如 IMF（1984），De Grauwe（1988），Caballero 和 Corbo（1989），Klein（1990），Chowdhury（1993）；还有一些研究，同时考虑了名义汇率和实际汇率，如 De Grauwe 和 Bellefroid（1986），Bailey 等（1987）。

在前面采用名义汇率的研究中，De Vita 和 Abbott（2004）认为汇率风险应该考虑名义汇率，因为汇率风险取决于名义汇率的波动以及相对产品价格的变动，名义汇率可以更好地捕捉出口商面对的由于汇率波动所带来的不确定性。市场参与者在生产经营过程中直接面对的就是实际汇率，因此实际汇率更能反映汇率变化对于市场参与者贸易决策的影响。但是，也有一些学者认为计算汇率波动使用实际汇率更合适，因为名义汇率波动给厂商所带来的不确定性往往会在一定程度上被成本和价格的波动所抵消（Gotur，1985）。IMF（1984）认为，在度量汇率波动时，必须考虑时间维度问题，如果是短周期的汇率变动，可以使用名义利率，因为短期的成本和价格的变动相对来讲更为迅速，且较容易被厂商所预测；对于较长的样本时间跨度而言，价格和名义汇率都是未知的，因此需要考虑实际汇率。与上述学者的观点不同，一些学者的研究发现使用名义汇率和实际汇率区别不大，McKenzie 和 Brooks（1997）使用 ARCH 模型去计算汇率波动，同时考察了名义汇率和实际汇率数据，发现两种结果区别很小，因此，他们认为计算汇率波动与采用哪种汇率形式不相干，因为汇率波动单一地来源于名义汇率。

考虑到本书的数据属性，由于我们采用的是相对短频的月度数据，而所采用的宏观经济数据均为名义数据。因此，结合本书的实际情况，我们在汇率数据的选择上，更倾向于选择名义汇率数据，正如 Bini - Smaghi（1991）所指出的，短期的成本和价格的变动相对于长期的变化而言更为迅速，名义汇率相对于实际汇率更能体现出这种变化情况。市场参与者进行贸易活动时直接面对的是名义汇率，因此，采用名义汇率可以更好地捕捉市场参与者面对由于汇率波动所带来的不确定性，具体变量描述见表 5 - 1。

表 5 - 1　　　　　　　　　　变量描述及数据来源

变量	定义	描述	数据来源
X	出口额	我国出口贸易总额，以 2005 年为基期进行指数化处理	WIND 资讯数据库
M	进口额	我国进口贸易总额，以 2005 年为基期进行指数化处理	
Px	出口价格指数（2005＝100）	我国出口价格指数，反映我国出口产品的价格情况	
Pm	进口价格指数（2005＝100）	我国进口价格指数，反映我国进口产品的价格情况	
Y	工业生产指数（2005＝100）	使用工业生产指数作为国内生产总值的替代变量，反映我国的经济状况	
E	人民币兑 SDR 汇率	人民币兑 SDR 汇率，采用名义汇率月度均值	国际货币基金组织国际金融统计数据库

5.3 实证分析结果及相关说明

5.3.1 数据平稳性检验

在检验汇率波动与贸易之间的关系前，为避免模型对非平稳的时间序列进行回归而导致虚假回归（Spurious Regression）的问题影响实证分析的准确性，我们需要对各变量的平稳性进行检验，明确各时间序列数据是水平平稳，即 I（0），还是一阶差分后平稳，即 I（1），保证模型选取的研究数据是同阶单整的，同时我们也要确保不存在只有在两次差分以上才平稳，即 I（2）的数据。本书使用实证研究中被广泛认可的增广的迪基—富勒（Augmented Dickey – Fuller，ADF）单位根检验方法去对数据的平稳性进行测试，所有变量均取对数形式。从平稳性检验结果（见表5－2）可以看出，所有时间序列数据均为一阶差分后平稳的数据，即 I（1），这与我们的预期是一致的，因此，可以将这些变量保留在我们的研究模型中，继续进行下一步模型滞后阶数的选择和协整关系检验。

表5－2　　　　　　　　　　　ADF 单位根检验结果

检验条件	LX	LM	LE	LY	LPx	LPm
包含常数，不包含 时间趋势项	− 0. 1440 （− 14. 9086*）	− 1. 1258 （− 15. 4282*）	− 0. 8815 （− 7. 7802*）	− 0. 7732 （− 7. 8924*）	− 2. 2343 （− 13. 3620*）	− 2. 8013 （− 7. 3268*）
包含常数和 时间趋势项	− 2. 7058 （− 14. 8801*）	− 2. 7759 （− 15. 2593*）	− 3. 0808 （− 7. 7396*）	− 2. 6562 （− 7. 8879*）	− 2. 6135 （− 13. 3245*）	− 3. 1528 （− 7. 2939*）

注：括号中表示一阶差分后的 ADF 检验结果，＊表示 ADF 检验在5％置信区间内是显著的；ADF 统计结果的选择基于 AIC 和 SBC 指标。

5.3.2　模型滞后阶数的选择

在进行模型变量协整关系检验之前，应确定 VAR 模型的最优滞后阶数。在理想状态下，VAR 的随机扰动项服从向量白噪音，通过观察滞后期长度选择指标值，选择能够使随机扰动项满足向量白噪音过程的滞后阶数。在实践中，通常希望模型有足够长的滞后期以便能反映变量之间的动态特征，同时也可以规避非一致性参数估计和误差项自相关等问题。但是，如果滞后期过长，势必要造成自由度（Degree of Freedom）的损失，影响模型估计结果的有效性，因此，为提升模型的准确性，需要在滞后阶数和自由度上得到最优平衡。对于滞后阶数的选择，实证研究中通用做法是根据对数似然比（Log – likelihood Ratio）卡方检验统计值、AIC（Akaike Information Criterion，赤池信息准则）指标、SBC（Schwarz Bayesian Criterion，施瓦茨准则）指标来进行最优滞后阶数的选择。本书通过计算上述检验指标并进行综合分析判断来确定出口、进口 VAR 模型最优滞后阶数的选择（见表 5 – 3 和表 5 – 4）。

表 5 – 3　　　　　　　　　　出口 VAR 模型滞后阶数的选择

滞后阶数	LL	LR	AIC	SBC
0	468. 8941	—	– 9. 997722	– 9. 888793
1	961. 1790	931. 6360	– 20. 24041	– 19. 69576 *
2	988. 6516	49. 62799	– 20. 48713	– 19. 50677
3	1009. 755	36. 30641 *	– 20. 59688 *	– 19. 18080
4	1020. 194	17. 06247	– 20. 47730	– 18. 62550
5	1029. 234	13. 99636	– 20. 32760	– 18. 04009
6	1037. 835	12. 57779	– 20. 16849	– 17. 44526

注：LL 代表最大化对数似然值（Maximized Log – likelihood），LR 代表对数似然比统计值（Log – likelihood Ratio Statistic），AIC 代表赤池信息准则（Akaike Information Criterion），SBC 代表施瓦茨准则（Schwarz Bayesian Criterion），* 表示在 5% 置信区间下的滞后期选择。

　　在出口 VAR 模型滞后阶数选择检验结果表中可以看出，在5%的置信区间下，对数似然比（Log – likelihood Ratio）和 AIC 指标均建议最优滞后阶数的选择为3，SBC 指标建议的滞后期为1。因此，综合考虑以上检验结果，对于出口 VAR 模型，本书选择3阶作为最优滞后阶数。

表 5 – 4　　　　　　　　　　　进口 VAR 模型滞后阶数的选择

滞后阶数	LL	LR	AIC	SBC
0	399. 4334	—	– 8. 503944	– 8. 395015
1	903. 1707	953. 3093	– 18. 99292	– 18. 44827 *
2	921. 4148	32. 95714	– 19. 04118	– 18. 06082
3	945. 0305	40. 62913	– 19. 20496	– 17. 78888
4	961. 6097	27. 09719 *	– 19. 21741 *	– 17. 36562
5	973. 0815	17. 76280	– 19. 12003	– 16. 83252
6	985. 3641	17. 96174	– 19. 04009	– 16. 31686

　　注：LL 代表最大化对数似然值（Maximized Log – likelihood），LR 代表对数似然比统计值（Log – likelihood Ratio Statistic），AIC 代表赤池信息准则（Akaike Information Criterion），SBC 代表施瓦茨准则（Schwarz Bayesian Criterion），* 表示在5%置信区间下的滞后期选择。

　　在进口 VAR 模型滞后期选择检验结果表中可以看出，对数似然比、SBC 指标建议的模型滞后阶数均为4阶，对于进口 VAR 模型，本书认为其最优滞后阶数为4阶。

5.3.3　协整性检验

　　完成单位根检验后，需要对变量之间的协整关系进行检验。本书采用 Johansen 检验方法对 VAR 模型变量之间的协整关系进行检验，该方法的基本思想是基于 VAR 模型，将一个求最大似然函数的问题转化为一个求特征根和对应特征向量的问题。最大似然估计只对模型变量中所有独立的协整关系做总体分析，不对模型中协整关系个数做预先假定，也不需要对每个分量的系数进行规范，适用于检验多个变量之间的协整关系，应用灵活性、便利性较强，在实证研究中被广泛使用。对于变量之间协整关系的判断可以通过计算系数矩阵的秩 r 及其特征值统计量来进行，将系数矩阵的特征值按照由大到小的顺序进行排列，当统计值大于临界值，则拒绝零假设，如果变量之间不存在协整关系，则系数矩阵的秩 r 为零。对于协整 VAR 模型的具体形式选择，根据模型选择的联合检验，本书选择序列没有确定的线性趋势，协整方程有截距的模型形式（见表 5 – 5）。

表 5 – 5　　　　　　　　　　出口 VAR 模型协整性检验

最大特征值（Maximal Eigenvalue）统计量			VAR 模型阶数 = 3
零假设	备择假设	统计值	95% 水平临界值
$r = 0$	$r = 1$	31.09681	27.58434
$r \leqslant 1$	$r = 2$	16.32039	21.13162
$r \leqslant 2$	$r = 3$	7.791595	14.26460
$r \leqslant 3$	$r = 4$	3.053458	3.841466
迹（Trace）统计量			VAR 模型阶数 = 3
零假设	备择假设	统计值	95% 水平临界值
$r = 0$	$r \geqslant 1$	58.26225	47.85613
$r \leqslant 1$	$r \geqslant 2$	27.16544	29.79707
$r \leqslant 2$	$r \geqslant 3$	10.84505	15.49471
$r \leqslant 3$	$r = 4$	3.053458	3.841466

从出口 VAR 模型 Johansen 协整检验结果可以看出，基于最大特征值（Maximal Eigenvalue）和迹（Trace）统计量的检验结果中存在 1 个协整关系的统计值均大于 95% 临界值水平，那么，我们可以认为出口 VAR 模型中，出口、汇率、我国经济情况、出口价格水平等变量间包含 1 个长期协整关系。

表 5 – 6　　　　　　　进口 VAR 模型协整性检验

最大特征值（Maximal Eigenvalue）统计量			VAR 模型阶数 = 4
零假设	备择假设	统计值	95% 水平临界值
$r = 0$	$r = 1$	34. 06500	27. 58434
$r \leqslant 1$	$r = 2$	18. 45605	21. 13162
$r \leqslant 2$	$r = 3$	10. 18041	14. 26460
$r \leqslant 3$	$r = 4$	3. 310404	3. 841466
迹（Trace）统计量			VAR 模型阶数 = 4
零假设	备择假设	统计值	95% 水平临界值
$r = 0$	$r \geqslant 1$	66. 01186	47. 85613
$r \leqslant 1$	$r \geqslant 2$	28. 94687	29. 79707
$r \leqslant 2$	$r \geqslant 3$	13. 49081	15. 49471
$r \leqslant 3$	$r = 4$	3. 310404	3. 841466

与出口 VAR 模型情况相似，在进口 VAR 模型 Johansen 协整检验结果表（见表 5 – 6）中，基于最大特征值和迹统计量的检验结果均显示在 5% 的置信区间下模型存在 1 个长期协整关系，那么，可以认为进口 VAR 模型中，进口、汇率、我国经济情况、进口价格水平等变量间包含 1 个长期协整关系。

5. 3. 4　向量误差修正模型检验

从长期来看，出口、进口 VAR 模型的变量中均存在长期均衡关系，虽然在短期内，由于受到随机干扰和季节性因素的影响作用，这些变量可能会偏离均衡状态，但这种偏离只是短期暂时的，随着时间的推移，它们将逐渐通过短期动态过程的不断调整，最终回到长期均衡状态。这种短期的动态调整机制便是误差修正机制（Error Correction Mechanism），避免变量之间长期关系偏差的扩大。因此，可以分别对出口、进口 VAR 模型构建向量误差修正模型对变量之间的长期协整关系和短期的动态影响作用进行进一步地分析。构建向量误差修正模型基本思路是将协整与误差修正模型结合起来，对于长期关系模型的各个变量用1阶差分的形式进行重新构造，将长期关系模型中的残差项作为解释变量引入短期动态关系模型，因此，误差修正模型滞后阶数相比其对应的VAR模型低1阶。鉴于出口、进口VAR模型中均存在1个协整关系，对于出口、进口VECM模型，其中的协整向量个数均为1。通过检验运算，可以得到出口、进口模型的长期协整关系式，以及向量形式的进口、出口贸易VECM模型检验结果。为确保模型设定的合理性和测算结果的准确性，本书对模型的残差项分别采用LM序列相关性（Serial Correlation）检验、White异方差（Heteroscedasticity）检验、Jarque – Bera正态性（Normality）检验、滞后算子根（AR Roots）检验进行了诊断检验（检验结果见表5 – 7和图5 – 1）。结果表明：残差序列不存在序列自相关和异方差，服从正态分布，滞后算子特征多项式根的倒数均位于单位圆之内，模型拟合效果较好。

表5 – 7　　　　　　　　　　VECM模型诊断检验结果

诊断检验	出口模型	进口模型
序列相关性	CHSQ（2）=16. 1124［0. 4451］	CHSQ（3）=18. 9042［0. 2737］
正态性	8. 3057［0. 4042］	7. 6766［0. 1043］
异方差	181. 3195［0. 2621］	177. 4735［0. 1635］

注：CHSQ表示基于LM的卡方统计值，括号内的数值为P值。

对于出口、进口模型可以得到如下形式正规化后的协整方程，括号内的数值为系数的标准误：

出口协整方程：

$$LX = -1.4374LE + 0.2072LY - 0.4803LPx + 4.4349$$
$$\quad\quad\;\;(0.3621)\quad\quad(0.0701)\quad\quad(0.1292)$$

进口协整方程：

$$LM = 0.9017LE + 0.2440LY - 0.2197LPm - 1.5472$$
$$\quad\quad\;(0.4382)\quad\quad(0.0864)\quad\quad(0.0859)$$

从协整方程中可以看出，检验结果与基本国际贸易理论以及模型构

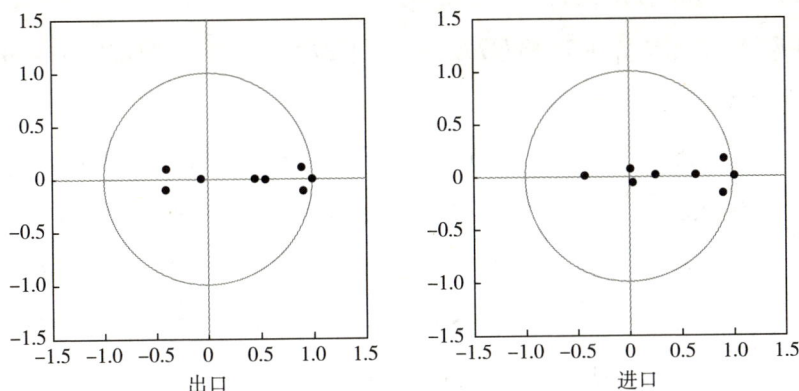

图 5 - 1   滞后算子特征多项式根检验结果

建时的预期相符。对于我国出口贸易来说，汇率变化对其具有反方向的作用，弹性系数为 - 1. 4374，说明在其他经济变量不变的情况下，人民币升值将会阻碍出口；而对于进口贸易，汇率的变化与进口贸易之间具有正向的作用关系，即人民币升值将带动我国的进口贸易，弹性系数为 0. 9017。我国的经济发展对进口和出口贸易均具有拉动作用，弹性系数分别为 0. 2072 和 0. 2440，经济发展将促进国际贸易的增长。同时，我国进出口价格水平对进出口贸易具有负向的影响作用，弹性系数分别为 - 0. 4803 和 - 0. 2197，价格水平的升高会引起进出口产品需求的下降。

出口 VECM 检验结果：

$$\Delta z_t = \begin{bmatrix} 0.0390 \\ 0.0367 \\ -0.0167 \\ 0.1826 \end{bmatrix} VECM_{t-1} + \begin{bmatrix} 0.5995 & 0.0290 & 0.0817 & 0.5382 \\ -0.0194 & 0.3660 & 0.4588 & 0.3651 \\ 0.1360 & -0.0287 & 0.0208 & -0.2109 \\ 0.0247 & 0.0017 & 0.0523 & 0.3331 \end{bmatrix} \Delta z_{t-1}$$

$$+ \begin{bmatrix} -0.2289 & -0.3188 & -0.2105 & 0.2706 \\ -0.0305 & -0.1047 & -0.0153 & -0.1010 \\ -0.0401 & 0.0700 & -0.2258 & 0.5016 \\ 0.0451 & 0.0149 & 0.0796 & 0.0430 \end{bmatrix} \Delta z_{t-2} + \delta_t$$

式中，$z_t = [LX_t, LE_t, LY_t, LPx_t]'$

$$VECM_{t-1} = LX_t + 1.4374LE_t - 0.2072LY_{t-1} + 0.4803LPx_t - 4.4349$$

进口 VECM 检验结果：

$$\Delta z_t = \begin{bmatrix} -0.0135 \\ -0.0153 \\ -0.0250 \\ -0.0184 \end{bmatrix} VECM_{t-1} + \begin{bmatrix} -0.6268 & 0.0182 & 0.0478 & 0.0576 \\ 0.6245 & 0.3629 & 0.5469 & 0.0029 \\ 0.0016 & -0.1693 & -0.1728 & -0.7761 \\ 1.1546 & 0.0368 & 0.0124 & -0.1118 \end{bmatrix} \Delta z_{t-1}$$

$$+ \begin{bmatrix} -0.3307 & -0.0229 & -0.0189 & 0.0993 \\ -1.6270 & -0.0598 & 0.2487 & 0.8973 \\ 1.0784 & 0.0856 & -0.3173 & -1.3162 \\ -0.1199 & 0.0221 & 0.0394 & -0.0795 \end{bmatrix} \Delta z_{t-2}$$

$$+ \begin{bmatrix} -0.0271 & -0.0359 & -0.0427 & 0.1075 \\ -2.4030 & 0.2069 & 0.4034 & -0.7205 \\ 0.7639 & -0.1268 & -0.1018 & 0.1638 \\ 0.2935 & 0.0751 & 0.0945 & 0.2093 \end{bmatrix} \Delta z_{t-3} + \delta_t$$

式中，$z_t = [LM_t, LE_t, LY_t, LPm_t]'$

$$VECM_{t-1} = LM_t - 0.9017LE_t - 0.2440LY_{t-1} + 0.2197LPm_t + 1.5472$$

从出口、进口 VECM 模型结果中可以看出，出口、进口模型在短期受到冲击偏离均衡状态后，都会向长期均衡状态进行回调，由于误差修正项的系数量级较小，因此回调速度偏慢，存在一定的滞后效果。下面将通过格兰杰因果检验、脉冲响应函数和方差分解技术对模型变量之间的作用关系做进一步地分析。

5.3.5　格兰杰因果检验

从协整性检验中我们发现，对于我们构建的出口 VAR 模型、进口 VAR 模型变量之间均存在协整关系，为了进一步分析变量之间的相互作用，本书采用格兰杰因果关系检验来分析这些变量是否为其他变量的格兰杰原因。格兰杰因果关系的基本思想是如果一个变量 A 是变量 B 的格兰杰成因，那么 A 的变化必然先于 B 的变化，可以使用 A 对 B 进行预测。应该注意的是，格兰杰因果关系并不是真正意义上的因果关系，不能作为肯定或者否定因果关系的依据，它是统计意义上的"格兰杰"因果性，但是仍具有变量预测方面的参考价值，适用于计量经济学中的变量预测。

表 5 - 8　　　　　出口贸易模型变量两两之间格兰杰因果关系检验

零假设	F 统计值	P 值	结论
LE 不是 LX 的格兰杰原因	0.09141	0.9127	接受零假设
LX 不是 LE 的格兰杰原因	3.90821	0.0234	拒绝零假设
LY 不是 LX 的格兰杰原因	5.06298	0.0010	拒绝零假设
LX 不是 LY 的格兰杰原因	2.57615	0.0430	拒绝零假设
LPx 不是 LX 的格兰杰原因	0.66872	0.5148	接受零假设
LX 不是 LPx 的格兰杰原因	3.50971	0.0339	拒绝零假设
LY 不是 LE 的格兰杰原因	5.42387	0.0219	拒绝零假设
LE 不是 LY 的格兰杰原因	1.68854	0.1969	接受零假设
LPx 不是 LE 的格兰杰原因	1.49450	0.2296	接受零假设
LE 不是 LPx 的格兰杰原因	1.63611	0.2002	接受零假设
LPx 不是 LY 的格兰杰原因	3.05467	0.0518	接受零假设
LY 不是 LPx 的格兰杰原因	0.50060	0.6078	接受零假设

注："结论"为在5%置信区间下的格兰杰因果检验结论。

从出口贸易模型变量的格兰杰因果检验结果中（见表 5 - 8）可以发现，在5%的置信区间下，汇率、出口价格水平不是我国出口贸易情况的格兰杰原因，但我国经济情况和我国出口贸易情况互为格兰杰原因。检验结果说明，我们可以根据出口额的变化对我国经济情况的发展进行预期，同样也可以根据经济情况来预测出口贸易情况，但不能通过汇率和出口价格水平来对我国的出口贸易情况进行预测。这样的结果说明了人民币汇率变化对于我国出口贸易额的变化以及出口价格水平变化的影响是偏弱的，而我国国内的经济情况与出口贸易是正相关的，经济的发展将提升出口贸易水平。

表 5 - 9　　　　　　进口贸易模型变量两两之间格兰杰因果关系检验

零假设	F 统计值	P 值	结论
LE 不是 LM 的格兰杰原因	0.14585	0.8645	接受零假设
LM 不是 LE 的格兰杰原因	2.66001	0.0752	接受零假设
LY 不是 LM 的格兰杰原因	2.73678	0.0243	拒绝零假设
LM 不是 LY 的格兰杰原因	2.32803	0.0495	拒绝零假设
LPm 不是 LM 的格兰杰原因	8.71827	0.0003	拒绝零假设
LM 不是 LPm 的格兰杰原因	0.03321	0.9673	接受零假设
LY 不是 LE 的格兰杰原因	4.57906	0.0127	拒绝零假设
LE 不是 LY 的格兰杰原因	5.33302	0.0064	拒绝零假设
LPm 不是 LE 的格兰杰原因	4.76054	0.0107	拒绝零假设
LE 不是 LPm 的格兰杰原因	1.56771	0.2139	接受零假设
LPm 不是 LY 的格兰杰原因	6.38840	0.0025	拒绝零假设
LY 不是 LPm 的格兰杰原因	2.15592	0.1215	接受零假设

注："结论"为在5%置信区间下的格兰杰因果检验结论。

表 5 - 9 展现了我国进口贸易模型变量两两之间的格兰杰因果关系检验结果，从结果中可以看出，与出口贸易情况相似的是，汇率不是出口贸易的格兰杰原因，不能通过汇率的变化对出口贸易进行预期，我国经济情况和我国进口贸易情况互为格兰杰原因。与出口贸易模型变量的检验结果不同的是，对于我国进口贸易，进口价格水平是进口贸易的格兰杰原因，可以通过进口价格水平对进口贸易的变化进行预期。总之，通过格兰杰因果关系检验，本书认为人民币汇率对于我国进出口贸易的影响是比较有限的，而我国国内经济情况与进出口贸易之间互为格兰杰原因，说明经济和国际贸易的发展具有相辅相成的作用。

5.3.6　冲击的动态响应分析

在分析 VAR 模型结果时，模型估计系数往往不是学者们关注的重点，学者们更倾向于变量冲击的动态响应来进行分析，主要有两个方面：一方面是采用脉冲响应函数（Impulse Response Function）来分析一个变量的冲击对于其他变量以及模型整体所带来的动态影响，从而了解各个变量之间的动态关系；另一方面是采用方差分解（Variance Decomposition）来分析某一个变量的冲击对另一个变量的贡献度。脉冲响应函数可以捕捉一个变量的冲击对另一个变量的动态影响路径，方差分解可以将 VAR 模型中一个变量的方差分解到各个扰动项上。

在实证研究领域，前期对于 VAR 模型的动态分析中，多数学者采用的是正交的（Orthogonalized）脉冲响应函数，但是这种检验方式依赖于模型变量的乔莱斯基（Cholesky）分解次序，如果分解次序设置不当，将严重影响模型的分析结果，无法准确反映变量之间的影响作用。为避免此问题，本书引入了 Koop 等（1996）所提出的广义脉冲响应函数（Generalized Impulse Response Function，GIRF）。GIRF 较之传统正交脉冲响应函数的优势在于它可以有效规避乔莱斯基分解次序设置上的问题，确保模型分析结果的可靠性。由于本书研究的关注点在于各变量对于进出口贸易情况的影响，因此，对于出口、进口模型，将着重分析各变量对于出口、进口变量的冲击效果和贡献度。通过 GIRF，我们可以识别 1 个标准差的汇率变化、经济情况变化、进出口价格水平以及贸易额自身变化所带来的新息（Innovation）冲击对于进出口贸易变化产生的影响。由于模型中的变量均经过了对数变换，且结构冲击正规化设定为 1，因此，可以近似地认为其他变量受到冲击之后的变化值为其弹性值。为了更直观展示出口、进口、国际贸易收支情况模型的脉冲响应函数和方差分解的效果，我们将分析结果展示如图 5-2 所示，在 GIRF 曲线图中，横轴代表滞后阶数，纵轴代表对新息冲击的响应程度；在方差分解曲线图中，横轴代表滞后阶数，纵轴代表对新息冲击的贡献度。

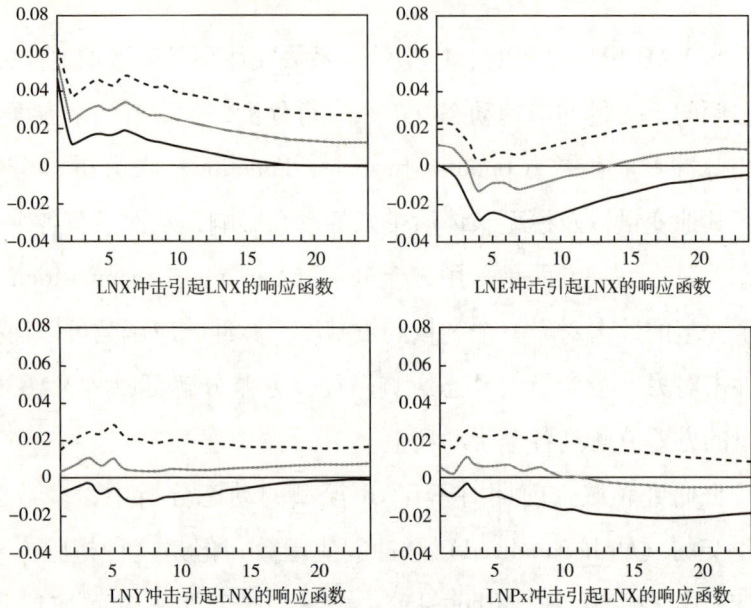

图 5-2　出口 VAR 模型广义脉冲响应函数分析结果

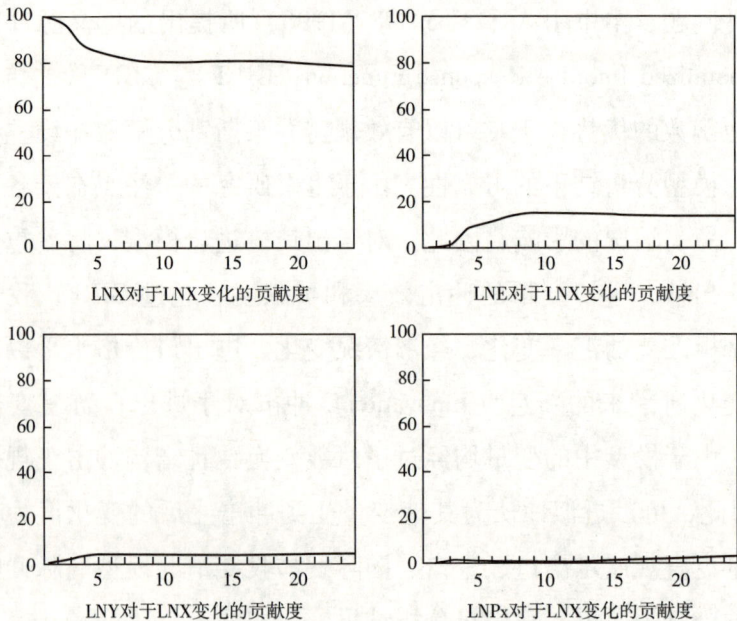

图 5-3　出口 VAR 模型方差分解分析结果

表 5 – 10 出口 VAR 模型方差分解分析结果

滞后期数	对于 LX 新息（Innovation）冲击的来源变量			
	LX	LE	LY	LPx
0	100. 0000	0. 000000	0. 000000	0. 000000
1	98. 68985	0. 613312	0. 684917	0. 011923
2	94. 74765	1. 080444	2. 740453	1. 431453
3	87. 91546	7. 843628	3. 144794	1. 096122
4	84. 92727	9. 602045	4. 462524	1. 008157
5	83. 91100	11. 21518	3. 950766	0. 923051
6	82. 05624	13. 41055	3. 716228	0. 816981
7	81. 21627	14. 50793	3. 521537	0. 754265
8	80. 65515	15. 17367	3. 475164	0. 696015
9	80. 45564	15. 37893	3. 453683	0. 711741
10	80. 52657	15. 29077	3. 470774	0. 711886
11	80. 62917	15. 13526	3. 431831	0. 803740
12	80. 74506	14. 86224	3. 478119	0. 914574

从图 5 – 2 中可以发现，首先，对于出口 VAR 模型，当汇率（LNE）受到 1 个标准差正向的冲击后，出口贸易额（LNX）开始有正向的反应，随后这种作用迅速缩小，在第 3 期转为负向作用，先增强后减弱，在第 14 期之后逐渐减小趋于平稳，这一点符合 J 曲线效应的描述。但从作用效果上来看，汇率对于出口贸易额的影响作用偏弱，1 个单位标准差的汇率变化，最多只能对出口带来约 0.015 个单位的反方向影响，影响的量级较小。从图 5 – 3、表 5 – 10 出口 VAR 模型方差分解结果中可以看出，汇率对于出口的影响贡献度在模型中最高约为 15%，且存在一定的滞后效果，在 9 个滞后期（9 个月）之后影响效果才会趋于稳定。因此，根据实验结果，我们认为人民币汇率的变化在较小程度上会对我国的出口贸易造成影响，传递作用是不完全的。其次，在模型

体系中，出口贸易的变化大部分原因是由于自身波动引起的，对于自身变化具有较高的贡献度，在 7 个滞后期（7 个月）之后稳定在 80% 左右。再次，我国经济情况对于出口贸易有促进作用，1 个标准差的经济情况（LNY）正向冲击最多可以持续性地带动约 0.02 个百分点的出口贸易额正向变化，对于出口贸易变化的贡献度在 12 个滞后期（12 个月）之后稳定在 9% 左右。最后，出口价格水平对出口贸易的冲击较小，在 12 个滞后期（12 个月）趋向于零，在模型中的贡献度最低，仅约为 1%。因此，从实验结果来看，出口贸易的变化主要是受自身变动的影响，汇率、经济情况、出口产品价格对于我国出口贸易的影响偏弱。

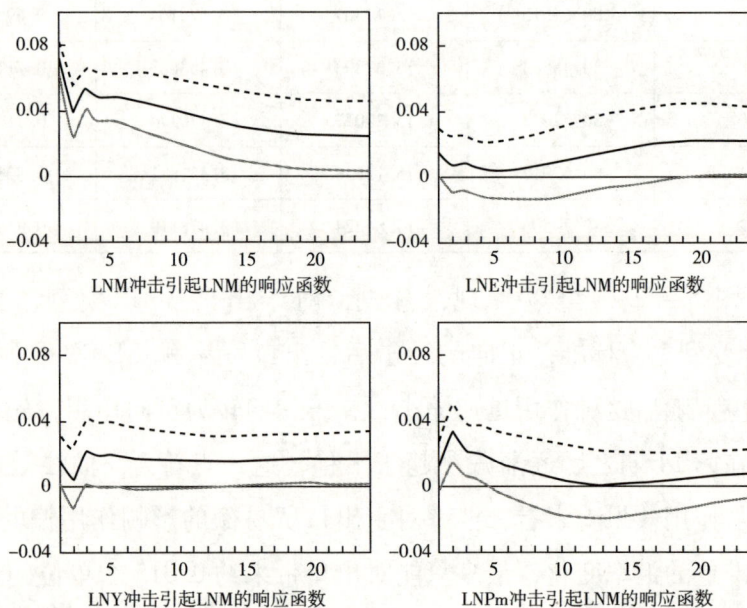

图 5－4　进口 VAR 模型广义脉冲响应函数分析结果

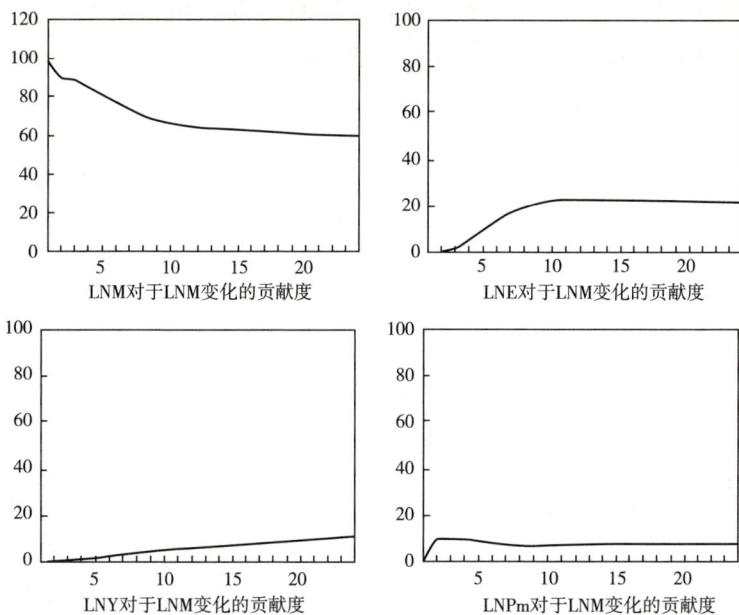

图5-5 进口 VAR 模型方差分解分析结果

表5-11 进口 VAR 模型方差分解分析结果

滞后期数	对于 *LM* 新息（Innovation）冲击的来源变量			
	LM	*LE*	*LY*	*LPm*
0	100.0000	0.000000	0.000000	0.000000
1	89.62123	0.124773	0.223290	10.03071
2	88.55695	1.723851	0.324647	9.394557
3	84.60799	5.297622	0.942723	9.151668
4	80.56033	9.606508	1.630907	8.202260
5	76.44751	13.70447	2.409566	7.438457
6	72.94470	17.00571	3.119077	6.930513
7	70.12541	19.42813	3.769893	6.676565
8	67.97487	21.04465	4.352321	6.628155
9	66.38138	22.02250	4.885512	6.710607
10	65.22683	22.52851	5.380908	6.863745
11	64.39827	22.71547	5.850475	7.035788
12	63.79980	22.70720	6.301663	7.191339

在图5-4、图5-5、表5-11中我们可以看出，对于进口VAR模型的分析结果与出口贸易模型相似，首先，人民币汇率不会对我国的进口贸易带来明显的影响作用，汇率（LNE）受到1个标准差正向冲击后，最多只能给进口贸易额的变化带来约0.016个单位正向的影响，影响作用与出口贸易是同方向的，这与我们的预期一致，在10个滞后期（10个月）之后趋于稳定，对进口贸易变化的贡献度在22%左右。其次，我国经济状况的冲击对进口贸易变化有着正向的影响作用，1个标准差经济变化的正向冲击在第3期（3个月）之后会对进口额的变化带来约0.02个单位的持续性正向影响，贡献度在11个滞后期（11个月）后趋于稳定，约为6%。进口产品价格对于进口贸易的冲击较小，贡献度在8个滞后期后稳定在7%左右，相对于出口贸易而言，我国的进口贸易更容易受到价格因素的影响。最后，与出口贸易的情况相似，进口贸易的变化绝大多数是由于自身震荡引起的，贡献度在10个滞后期（10个月）后稳定在65%左右。

5.3.7　实证分析结果说明

上面对人民币兑SDR汇率、我国经济情况、进出口产品价格水平和国际贸易情况（进口贸易、出口贸易）之间相互关系的实证分析结果进行了描述，通过对分析结果的观察和总结，可以归纳得出以下结论。

1. 人民币汇率变化与我国进出口贸易总量之间存在长期协整关系，但是汇率变化对进出口贸易的影响作用不大

实证分析结果显示，人民币兑SDR汇率变化对我国的出口贸易存在反方向的影响，对进口贸易存在正向影响，人民币升值会阻碍出口、促进进口，但是从影响作用的效果上来看是偏弱的，汇率不是进出口贸易的格兰杰原因，对于进出口变化的贡献度不高。因此，本书认为在我国现行的汇率制度框架下，人民币汇率变化对于我国国际贸易是不完全传递的，人民币汇率的变化不会对我国国际贸易的发展趋势带来显著的

影响。近30年来，我国一直处在经济快速发展期内，进出口贸易总额逐年攀升，在这种较强的发展趋势下，人民币汇率的变化尚不足以对进出口贸易产生明显的干扰，因此，实证分析结果显示出汇率水平变化对于我国进出口贸易的影响作用不强。如前文所述，2005年7月汇率制度改革之后，人民币汇率制度仍属于软钉住（Soft Peg）的汇率制度安排，并非真正意义上的浮动汇率制度，人民币汇率的波动处在可控范围内。我国出口商品的价格优势以及我国对于进口商品的需求刚性，导致我国进出口商品需求价格弹性较低，不易受到有限范围内的汇率变化所带来的价格因素影响。

然而，随着我国经济的发展以及科技水平的不断进步，我国进出口产品结构也在不断变化，从出口产品方面来看，我国逐渐从出口技术含量不高、价格低廉的初级产品向制成品转变。在制成品中，机械电子产品和其他技术含量较高的产品占比越来越大，而这些产品具有较高需求价格弹性；从进口产品方面来看，随着我国生产力的逐步提高，产品科技水平的进步，我国进口产品的结构也将日趋优化。目前我国对于工业制成品、高科技机电及其他技术密集型产品过度依赖进口的局面将逐渐缓解，随着我国粗放型经济发展模式的转变，生产消耗型产品的依赖度也会降低，因此这些进口产品的需求将下降，需求价格弹性会增强，而对于需求价格弹性较高的服务贸易（如金融服务、电信服务等）的进口将增加。随着汇率制度改革的深化，汇率的灵活性将增强，汇率变化的频度和幅度将逐渐增大。近年来，国际经济增长放缓，国外需求下降，我国外贸产品的价格优势逐渐减弱，出口贸易增长后劲不足。因此，基于汇率的弹性分析理论，考虑我国进出口贸易发展的实际情况和汇率制度演变的趋势，本书认为人民币汇率变化对于我国进出口贸易的影响将会逐渐增强，这一点需要我们加以密切关注。

2. 我国进出口贸易不易受到进出口产品价格因素的影响

实证分析结果显示我国的进出口贸易不易受到进出口价格水平变动

的影响，进出口价格水平变化对于进出口贸易水平的变化冲击较小，这反映出我国主要贸易伙伴对于我国出口商品的需求刚性均较强，而我国对于进口商品的需求刚性也很强，这在很大程度上可以归因于我国经济长期处在快速发展的过程，经济发展带来了大量的需求。因此，进出口产品价格水平变化未对我国的国际贸易带来显著的影响作用。

当然，如果人民币汇率发生连续性地贬值，那么以人民币表示的出口产品价格将会更具吸引力，而国外产品的价格水平相对提高，这会对我国的出口贸易在短期内会产生一定的激励作用。但是人民币汇率大幅度贬值从长期来看是不利于我国国际贸易发展的，人民币大幅贬值将带来其他一系列问题，主要体现在以下这些方面：一是人民币贬值会造成贸易摩擦，打乱贸易秩序，不利于国际贸易的平稳发展，进而影响经济的稳定发展。二是人民币贬值会影响我国出口企业的长期发展，从目前来看可能会刺激出口，但是出口价格水平的下降所带来的收入可能无法平衡生产成本的相对提高，因此从长期来看对出口企业是不利的。三是人民币贬值无法从根本上解决我国出口产品外部需求放缓的问题，人民币贬值在短期内可能会改善我国已经失去竞争力的产业，但这不是长期的解决方案，失去竞争力的产业终究会退出市场，发展对外贸易的关键在于提升我国出口产品的核心竞争力。四是人民币连续贬值可能引起机构恐慌，不利于经济稳定。

3. 我国经济发展与进出口贸易之间具有相互促进作用

从实验结果中我们看到我国的经济情况与进出口贸易之间具有相互促进作用。这一结论符合我们的预期，与该领域前期理论和实证研究结论相一致。随着全球化进程的加快，进出口贸易对于一个国家经济发展的作用日渐增强，对于发展中国家而言，这种作用更为明显，经济的发展将促进国际贸易频度和额度的增长。这一结论也符合基本的贸易理论，进出口贸易同一个国家或地区经济增长存在紧密的内在联系，经济发展与进出口贸易具有相互的促进作用。一个国家或地区进出口贸易的发展将扩大其总需求，促进相关产业的发展，提高国内就业水平，增加税收。同时，通过国际贸易来参与国际分工，可以利用自身的比较优势，增加优势产品的出口和劣势产品的进口，从而更好地优化资源配置，提高生产效率，促进产业结构的升级和工业化的进程，推动经济的增长。

4. 进出口贸易本身的震荡会对其带来短期的影响

实证分析结果显示进出口贸易额自身的震荡会对当期的贸易额产生影响作用，在模型中的贡献度较高。进出口贸易额的震荡在一定程度上可以反映出进出口贸易存在不确定性和不稳定性，而这很有可能带来贸易风险，在这种情况下，进出口贸易企业出于规避风险的考虑很可能会减少贸易量，进而导致进出口贸易额的下滑，当然，这是一种短期的动态调整效果，我国进出口贸易的长期发展趋势是稳定的，短期的动态调整不会干扰到进出口贸易长期的发展趋势。

5.4　小结

在本章中，我们首先构建了包含国际贸易情况（进口贸易、出口贸易情况）、我国经济情况、人民币兑 SDR 汇率、进出口价格水平等变量的向量自回归模型及其向量误差修正模型，之后，我们采用 ADF 单位根检验、Johansen 协整检验、格兰杰因果检验、广义脉冲响应函数、方差分解等统计分析技术，基于 2005 年 8 月至 2013 年 12 月的月度统计数据对模型进行估计，实证分析了人民币汇率变化与我国进出口贸易、进出口价格水平以及我国经济情况的相互作用关系。

从本章对研究模型的实证分析结果中我们可以发现，从长期来看，人民币汇率变化、我国国际贸易情况、进出口价格、经济情况之间存在协整关系，但是人民币汇率变化不是进出口贸易变化的格兰杰原因，汇率变化对于我国进出口贸易是不完全传递的，从影响效果上看是偏弱的。我国的经济发展与国际贸易之间具有相互促进作用，出口贸易仍是我国现阶段重要的经济增长点，经济的发展也将带动国际贸易水平的提高。进出口产品价格水平的变化不会对我国的进出口贸易带来显著影响。我国国际贸易在短期内的变化大多来源于自身的震荡，自身的震荡会对其带来短期的影响，但不会干扰到国际贸易的长期发展趋势。

人民币汇率制度改革在未来将会进一步深化，现阶段我们可以不必担忧汇率管控松绑对国际贸易的影响。随着我国经济的发展以及进出口贸易产品结构的不断升级，我国逐渐从出口技术含量不高、价格低廉的初级产品向出口工业制成品的方向转变，而且在出口产品中，机械电子产品和其他科技含量较高的产品占比逐渐提高，这些产品具有较高需求价格弹性；在进口产品中，对于价格弹性较高的如金融、电信等服务贸易将增加。所以，基于国际收支的弹性分析理论考虑，汇率变化对于我国国际贸易的影响在将来有逐渐增强的趋势，这一点需要我们加以密切关注。

6

汇率波动风险对我国国际贸易影响分析

在上一章中，我们就人民币汇率水平变化对于我国国际贸易的影响作用进行了实证分析，鉴于汇率对国际贸易的传导机制主要包括汇率水平变化和汇率波动风险两个方面的传导，因此，需要进一步研究人民币汇率波动风险对我国国际贸易的影响。在上一章中，我们分析的是人民币汇率对我国国际贸易总量的影响作用，为使本研究更加全面，作为补充，在本章中，我们将对我国与主要国际贸易伙伴的双边贸易情况进行实证分析，并将从总量层面和分量层面上的研究结论进行比较分析，提供更为全面的参考。

6.1 模型设定和估计方法

6.1.1 贸易模型的设定

为实证分析人民币汇率波动风险对我国国际贸易的影响，需要构建包含可以较好地描述这种影响作用的被解释变量和解释变量的进出口贸易模型。基于前面所总结的汇率与国际贸易理论以及对汇率传导机制的梳理，并受前期相关研究（Boyd 等，2001；De Vita 和 Abbott，2004）启发，本书从局部均衡的视角出发，突出研究的关注点，假设贸易伙伴国家对于我国出口产品的需求是出口产品相对价格、贸易伙伴的经济状况、汇率波动风险等变量的函数，我国对于国外产品的进口需求是进口产品相对价格、贸易伙伴的经济状况、汇率波动风险等变量的函数，同时假设进出口产品的供给价格弹性是趋向于正无穷大的，而其他经济条件保持不变。那么我国的出口贸易模型和进口贸易模型分别设定为方程（6-1）和方程（6-2）的形式。

出口贸易模型方程：

$$LX_t = a_0 + a_1 LPw_t + a_2 LY_t + a_3 V_t + \varepsilon_t \qquad (6-1)$$

式中，$Pw_t = Px_t/P_t^*$。

进口贸易模型方程：

$$LM_t = \beta_0 + \beta_1 LPv_t + \beta_2 LY_t + \beta_3 V_t + \mu_t \qquad (6-2)$$

式中，$Pv_t = Pm_t/P_t^*$。

在方程（6-1）和方程（6-2）中，X_t 表示我国与贸易伙伴之间的出口贸易情况，M_t 表示我国与贸易伙伴之间的进口贸易情况，Px_t 表示我国出口单位价值指数（Export Unit Value Index），Pm_t 表示我国进口单位价值指数（Import Unit Value Index），P_t^* 是用本国货币表示的国外替代产品指数，即国外替代产品价格指数 P_t 乘以汇率 e，对于国外产品价格，本书使用贸易伙伴国家或地区的生产者物价指数（Producer Price Index，PPI）。因此，Pw_t 是用本国货币表示的相对出口价格（Relative Export Price），Pv_t 是用本国货币表示的相对进口价格（Relative Import Price）。不同于国内前期大部分研究直接采用价格水平变量的做法，本书所设计的相对出口/进口价格变量可以有效地分析由于国内外价格差异变化所导致的进出口贸易额的变化，单纯使用国外价格水平或者国内价格水平无法反映相对价格变化对于国际贸易的影响。当国外价格水平上升时，如果国内价格水平也处于上升状态且幅度更大，那么本国产品的出口贸易将受到负面影响。模型中，Y_t 表示外国收入（Foreign Income），反映贸易伙伴国家或地区的经济状况。

　　为了更准确地反映人民币汇率波动情况，描述人民币汇率波动对于国际贸易所产生的影响作用及滞后效果，本书在模型中考虑采用月度时间序列数据，但由于各国对外公布的 GDP 数据最小频率为季度，因此本书选择用工业生产指数（Industrial Production Index）月度数据作为 GDP 的替代变量（Proxy）。V_t 表示汇率波动（Exchange Rate Volatility），用来反映汇率波动风险，该变量基于汇率时间序列，采用 GARCH 模型计算得出。ε_t 和 μ_t 是随机误差项。出于突出变量线性化趋势的考虑，本书对模型变量进行了对数形式转换，LX_t、LM_t、LPw_t、LPv_t、LY_t 分别表示 X_t、M_t、Pw_t、Pv_t、Y_t 的对数形式，前期相关研究的经验显示，变量取对数形式并不会影响它们之间的协整关系。

　　根据国际借贷学说以及货币主义汇率理论的思想，我们预期相对出口价格的 LPw_t 系数 a_1 为负值，本国出口商品相对价格上涨，将导致国际上对此类产品需求的减少，因此出口额会随之减少；本国出口商品相对价格下降，将导致国际上对此类产品需求的增加，因此出口额会随之增加。同理，我们预期相对进口价格 LPv_t 的系数 β_1 为正值，国内产品相对价格的提高会增加本国对国际上同类商品的需求，因此会增加进口；国内产品相对价格的下降会减少本国对国际上替代商品的需求，因此会减少进口。两个方面因素将导致相对价格变化的产生：一方面是产品价格本身由于成本等因素影响而产生的变化，另一方面是汇率水平变化引起的相对价格变化。我们预期外国收入 Y_t 的系数 a_2、β_2 为正数，因为从理论上来讲，一个国家或地区国民经济的发展将扩大其需求水平，进而带动国际贸易。从前面关于汇率对进出口贸易影响研究的文献综述中可以看出，汇率波动风险对国际贸易的影响未能达成一致的结论，存在有多种可能性，因此汇率波动 V_t 的系数 a_3、β_3 可能为正数，也可能为负数，需要结合实证结果来进行分析。

6.1.2　汇率波动风险的估计方法

在前期研究中，对于汇率变化的计算方法是统一的，即本期汇率与上期汇率的差额。对于反映汇率风险的汇率波动性，随着统计学和计量经济学技术的发展，涌现出诸多的度量方法，需要针对自身研究情景和数据情况去选择正确的方法来捕捉汇率的波动性。在前期相关实证研究文献中，多数文献使用汇率的标准差、汇率标准差的移动平均数、ARCH/GARCH 模型等方法来计算汇率波动序列，例如 De Grauwe（1987）将汇率波动度量为汇率的标准差；Chowdhury（1993）将汇率波动度量为汇率标准差的移动平均数；Qian 和 Varangis（1994）使用 ARCH 模型来测算汇率波动；Peridy（2003）的研究采用 GARCH 模型来进行汇率波动性的估计。本书将在分析主要度量方法的适用性基础上，结合研究实际情况来合理选择度量汇率波动序列的方法。

标准差（Standard Deviation）表示一组数据平均值分散程度，一个较大的标准差说明大部分数值与其平均值之间差异较大；一个较小的标准差说明大部分数值比较接近于平均值，因此标准差可以作为不确定性的一种测量。汇率的不确定性可以被表示为汇率的标准差，因此，对于汇率标准差的计算可以作为度量汇率波动的一种方法，这种方法在早期的研究中比较常见（如：Ethier，1973；Hooper 和 kohlhagen，1978；De Grauwe，1987；Boothe 和 Glassman，1987）。但是这种方法存在一定的缺陷，正如 McKenzie（1998）所指出的，以汇率的标准差来描述汇率波动的这种度量方法会忽略汇率在随机过程中产生的信息，因此，20世纪80年代之后的实证研究很少再使用这种方法来测量汇率波动。

使用标准差的移动平均数（Moving Average of Standard Deviation）来计算汇率波动较之标准差的方法更进了一步，因为该方法能捕捉到汇率波动的一般趋势以及汇率波动的强弱程度。因此，该方法在后来的研究中被广泛使用（如：Caballero 和 Corbo，1989；Koray 和 Lastrapes，1989；Klein，1990；Chowdbury，1993；Arize 等，2000；De Vita 和 Abbott，2004）。但如同 Arize（1997）所指出的，使用标准差的移动平均数来计算汇率波动存在一定的问题，因为使用这种方法可能导致汇率波动被低估。当选择移动平均数的序数时，可能会与经济人的理性行为相冲突，因此可能无法准确地捕捉汇率风险的动态表现。

自回归条件异方差（Autoregressive Conditional Heteroskedastic，ARCH）模型在 1982 年由恩格尔（R. F. Engle）首次提出，此后在计量经济领域中得到迅速发展。该模型将当前一切可利用信息作为条件，并采用某种自回归形式来刻画方差的变异。对于一个时间序列而言，在不同时刻可利用的信息不同，而相应的条件方差也不同，利用 ARCH 模型，可以刻画出随时间而变异的条件方差。在 ARCH 模型的基础上，波勒斯列夫（T. Bollerslev）对其进行了发展，在 1986 年提出了广义（Generalized）ARCH 模型，即 GARCH 模型，它是一个专门针对金融数据量体定做的回归模型，除去和普通回归模型相同之处，GARCH 对误差的方差进行了进一步建模，特别适用于波动性的分析和预测。ARCH 和 GARCH 模型，以及它们的衍生模型[①]在 20 世纪 90 年代之后的研究中被广泛应用（如：Kroner 和 Lastrapes，1993；Qian 和 Varangis，1994；McKenzie 和 Brooks，1997；McKenzie，1998；Peridy，2003；Wang 和 Barrett，2007；陈六傅等，2007；朱孟楠和严佳佳，2007；翟爱梅，2010）。

考虑到 GARCH 模型是一种十分成熟的方法，且在测算汇率波动中具有明显的优势，本书选择使用该模型去获得反映汇率波动风险的汇率波动时间序列。汇率波动的计算公式如方程（6-3）和方程（6-4）

---

① 如 IGARCH、TARCH、EGARCH 模型（Enders，2004）。

所示：

均值方程为

$$e_t = \delta_0 + \delta_i e_{t-i} + u_t \tag{6-3}$$

条件方差方程为

$$V_t = h_t^2 = \alpha_0 + \sum_{i=1}^{q} \alpha_i u_{t-i}^2 + \sum_{i=1}^{p} \beta_i h_{t-i}^2 + v_t \tag{6-4}$$

在 GARCH（p，q）模型中，e_t 表示汇率，汇率波动用 V_t 来表示，是方程（6-3）残差的平方，并遵循 ARMA（p，q）过程，是具有时变性质的条件方差，反映汇率的波动性。对于不同的汇率时间序列数据，可能采用不同的 p 和 q 设定，当 $p=0$ 时，GARCH（p，q）模型为 GARCH（0，q），即 ARCH（q）模型。我们使用最大似然法（Maximum Likelihood）对方程（6-3）和方程（6-4）进行测算，p 和 q 的值的选择取决于最显著的滞后期期数，方程(6-3)中的 n 值的设定需保证所得出的残差项不存在序列相关性。在 GARCH 模型中，我们假设 MA 和 AR 部分的系数是介于 0 和 1 之间的正数，因此，我们预期所测得的汇率波动时间序列是水平平稳的，即 I（0）。

6.1.3　汇率波动风险对我国国际贸易影响的检验方法

有限滞后模型和几何滞后模型都就因变量对自变量的滞后影响作用施加了较强的，而且可能是不合理的约束条件。为解决此问题，一个折中的方案便是使用自回归分布滞后（Autoregressive Distributed Lag，ARDL）协整方法，该方法为许多前沿的方法论提供了一个实用的研究平台。ARDL 方法由 Pesaran（M. H. Pesaran）于 1999 年提出，它的一个重要特性就是不必考虑回归项是水平平稳还是一阶差分后平稳，都可以进行模型估计，可以有效地避免虚假回归等问题，计算出变量间的长期协整关系和短期动态影响，这种包容性是传统的协整检验方法难以实现的。

在关于汇率波动风险对国际贸易影响的研究中，ARDL 协整方法得到了较为广泛的应用，比如 De Vita 和 Abbott（2004）使用了自回归分布滞后模型就英镑汇率波动风险对英国与欧盟国家的出口贸易影响进行分析。该研究采用了英镑汇率标准差的移动平均数作为反映汇率风险的汇率波动时间序列，发现汇率波动时间序列数据是水平平稳的，出口和价格时间序列是一阶差分后平稳的。在这种情况下，不适合采用传统的协整分析方法进行分析，而自回归分布滞后协整方法可以允许 I（0）、I（1）变量同时存在于模型之中，并能准确估算出汇率波动对英国出口贸易的关系，模型更为稳健。Boyd 等（2001），陈龙江（2007），刘荣茂和黄丽（2014）的研究也采用了自回归分布滞后协整方法去检验汇率波动对出口贸易的影响。实践证明，如果模型中包含具有水平平稳性质的汇率波动变量，那么 ARDL 协整方法是较为合理的选择。

本书在对贸易模型中各个变量进行数据平稳性检验时发现，通过 GARCH 模型得出的汇率波动时间序列是水平平稳的，其他变量均为一阶差分后平稳的。因此，本书在分析人民币汇率波动风险对于我国国际贸易的影响时选用了可以允许 I（0）、I（1）变量同时存在于模型中的 ARDL 协整方法（Pesaran 等，2001），构建自回归分布滞后误差修正模型（Autoregressive Distributed Lag Error Correction Model，ARDL - ECM）去检验和测度汇率波动同国际贸易之间的长期协整关系及短期动态影响。在本书中，根据我们对于出口、进口贸易模型的设定，出口、进口 ARDL - ECM 分别为如下形式：

出口模型设置：

$$\Delta LX_t = a_0 + a_1 t + \sum_{i=1}^{m} \alpha_i \Delta LX_{t-i} + \sum_{j=0}^{n} \beta_i \Delta LPw_{t-j} + \sum_{r=0}^{p} \delta_r \Delta LY_{t-r} + \sum_{s=0}^{q} \varphi_s \Delta V_{t-s}$$
$$+ b_1 LX_{t-1} + b_2 LPw_{t-1} + b_3 LY_{t-1} + b_4 V_{t-1} + \tau_t \qquad (6-5)$$

进口模型设置：

$$\Delta LM_t = c_0 + c_1 t + \sum_{i=1}^{m} \gamma_i \Delta LM_{t-i} + \sum_{j=0}^{n} \eta_i \Delta LPv_{t-j} + \sum_{r=0}^{p} \mu_r \Delta LY_{t-r}$$

$$+ \sum_{s=0}^{q} \phi_s \Delta V_{t-s} + d_1 LM_{t-1} + d_2 LPv_{t-1} + d_3 LY_{t-1} + d_4 V_{t-1} + \xi_t \quad （6-6）$$

在方程（6-5）和方程（6-6）中，X_t、M_t 分别表示出口额和进口额，Pw_t、Pv_t 分别表示出口相对价格、进口相对价格，Y_t 表示外国收入，L 表示对数形式变量；V_t 表示汇率波动，a_0 和 c_0 为常数项，$a_1 t$ 和 $c_1 t$ 为时间趋势项，τ_t 和 ξ_t 为白噪声误差。为了确保残差项不存在序列相关性，我们的模型采用一阶差分的形式，Δ 符号表示时间序列数据的一阶差分形式。

基于上述模型设定，我们通过进行 ARDL 边界检验来确定变量之间是否存在长期协整关系。假设解释变量之间不存在长期协整关系，在这种情况下，零假设条件为长期关系的变量系数均为零，因此需要对此进行假设检验。我们计算 ARDL-ECM 模型中显著滞后期变量的 F 统计值，并将其与临界值进行比较，如果 F 统计值大于临界值，则拒绝零假设。

对于出口模型方程（6-5）的零假设条件为 H_0：$b_1 = b_2 = b_3 = b_4 = 0$；

对于进口模型方程（6-6）的零假设条件为 H_0：$d_1 = d_2 = d_3 = d_4 = 0$。

为了计算汇率波动对贸易影响的长期趋势系数，我们需要为对数形式的出口和进口额（LX_t 和 LM_t）构建有条件的长期关系模型，对于出口和进口模型的条件分别为 $\Delta LX = \Delta LPw = \Delta LY = \Delta V = 0$ 和 $\Delta LM = \Delta LPv = \Delta LY = \Delta V = 0$，本书的长期关系模型可以用方程（6-7）和方程（6-8）来表示：

出口长期关系模型：

$$LX_t = \Gamma_1 + \Gamma_2 t + \Gamma_3 LPw_t + \Gamma_4 LY_t + \Gamma_5 V_t + \omega_t \quad （6-7）$$

式中，$\Gamma_1 = a_0/b_1$，$\Gamma_2 = a_1/b_1$，$\Gamma_3 = b_2/b_1$，$\Gamma_4 = b_3/b_1$，$\Gamma_5 = b_4/b_1$；ω_t 为 $iid(0,\delta^2)$ 误差。

进口长期关系模型：

$$LM_t = \Psi_1 + \Psi_2 t + \Psi_3 LPv_t + \Psi_4 LY_t + \Psi_5 V_t + \xi_t \qquad (6-8)$$

式中，$\Psi_1 = c_0/d_1$，$\Psi_2 = c_1/d_1$，$\Psi_3 = d_2/d_1$，$\Psi_4 = d_3/d_1$，$\Psi_5 = d_4/d_1$；ξ_t 为 $iid(0,\delta^2)$ 误差。

对于滞后期数的选择，实证研究中通用做法是根据赤池信息准则（Akaike Information Criterion，AIC）指标、施瓦茨准则（Schwarz Bayesian Criterion，SBC）指标来进行最优滞后期数的选择，同时需要确保模型的残差项不存在序列相关性。本书使用 ARDL 模型测度上述模型的长期协整关系系数，首先对方程（6-7）和方程（6-8）进行 OLS 估计，然后根据 AIC 和 SBC 指标去选择最优的短期滞后期数。只有在拒绝了 ARDL - ECM 模型零假设的情况下，才能去计算长期协整关系；如果 F 统计值低于临界值上限，则去计算变量之间的短期动态影响，测算方程如方程（6-9）和方程（6-10）所示。

出口短期动态模型：

$$\Delta LX_t = a_0 + \sum_{i=1}^{m} \alpha_i \Delta LX_{t-i} + \sum_{j=0}^{n} \beta_i \Delta LPw_{t-j} + \sum_{r=0}^{p} \delta_r \Delta LY_{t-r} + \sum_{s=0}^{q} \varphi_s \Delta V_{t-s} + \varepsilon_t$$

$$(6-9)$$

式中，ε_t 为 $iid(0,\delta^2)$ 误差。

进口短期动态模型：

$$\Delta LM_t = c_0 + \sum_{i=1}^{m} \gamma_i \Delta LM_{t-i} + \sum_{j=0}^{n} \eta_i \Delta LPv_{t-j} + \sum_{r=0}^{p} \mu_r \Delta LY_{t-r} + \sum_{s=0}^{q} \phi_s \Delta V_{t-s} + \upsilon_t$$

$$(6-10)$$

式中，υ_t 为 $iid(0,\delta^2)$ 误差。

6.2　研究数据说明

考虑贸易伙伴的代表性以及相关研究数据的可获得性和数据质量，在本书中，从我国主要进出口贸易伙伴中选取了美国、日本、韩国、德国、荷兰、英国、俄罗斯、印度、马来西亚、新加坡具有代表性的 10 个国家来进行分析。从 2013 年全年贸易总量数据来看，我国同这 10 个主要贸易伙伴的出口额、进口额，分别占我国 2013 年出口总额、进口总额的 46.13% 和 47.40%，将近占据我国进出口贸易的一半份额，具有较强的代表性。在时间跨度方面，本书考虑我国实行更灵活的汇率制度时期，即 2005 年 7 月以后采用不再盯住美元的浮动汇率制度时期。本研究与上一章中关于汇率水平变化对我国进出口贸易影响的研究采用同一时期数据，以便进行总量情况和分量情况的比较分析。

为了说明我国与其贸易伙伴的贸易紧密程度，本书引入了出口/进口紧密度指数（Export/Import Intensity Index），该指数表示的是我国在各国进出口贸易中的重要程度。具体计算方法：i 国的出口紧密度指数 IX 的计算公式为 $IX_{ij} = (X_{ij}/X_i)/\{M_j/(M_w - M_i)\}$，式中，$X_{ij}/X_i$ 表示 j 国在 i 国总出口额中的占比，$M_j/(M_w - M_i)$ 表示世界除 i 国外各国的进口总额中 j 国的占比。同理，i 国的进口紧密度指数 IM 可以表示为 $IM_{ij} = (M_{ij}/M_i)/\{X_j/(X_w - X_i)\}$，式中，$M_{ij}/M_i$ 表示 j 国在 i 国总进口额中的占比，$X_j/(X_w - X_i)$ 表示世界除 i 国外各国的出口总额中 j 国的占比。如果出口或进口紧密度指数大于 1，可以说明两国贸易关系紧密，否则不紧密（Shigehito，2005）。

表 6-1 展示了我国与其主要进出口贸易伙伴的贸易情况，基于 2013 年双边贸易数据来看，在我国出口贸易伙伴中，美国、日本、韩国、印度、马来西亚与我国的紧密程度相对较高，出口紧密度指数大于

1；在进口贸易伙伴中，日本、韩国、马来西亚与我国的紧密程度相对较高，进口紧密度指数大于1。

表6-1　　　　　　　我国与主要进出口贸易伙伴的贸易情况　　　单位：亿美元、%

序号	主要贸易伙伴	2013年出口额	占出口总额比重	2013年进口额	占进口总额比重	出口紧密指数			进口紧密指数		
						2005年	2010年	2013年	2005年	2010年	2013年
1	美国	3 684.8	16.7	1 525.5	7.8	1.24	1.95	1.73	0.81	0.51	0.54
2	日本	1 504.2	6.8	1 623.8	8.3	2.15	1.38	1.56	2.54	2.50	1.61
3	韩国	912.0	4.1	1 830.2	9.4	1.73	1.30	1.21	4.07	3.19	2.93
4	德国	673.7	3.0	942.3	4.8	0.55	0.47	0.34	0.47	0.69	0.65
5	荷兰	603.3	2.7	98.4	0.5	0.97	0.89	0.79	0.14	0.14	0.16
6	英国	509.6	2.3	191.0	1.0	0.49	0.83	0.79	0.22	0.20	0.24
7	俄罗斯	496.1	2.2	395.8	2.0	1.26	0.65	0.70	0.98	0.92	0.86
8	印度	484.5	2.2	170.5	1.0	0.82	1.59	1.15	1.48	0.58	0.30
9	马来西亚	459.4	2.1	600.7	3.0	1.22	1.05	1.49	2.15	3.00	2.41
10	新加坡	458.9	2.0	299.7	1.5	1.10	0.81	0.83	1.08	0.78	0.66

注：贸易伙伴按我国2013年出口额排序。

资料来源：WIND数据。

在本书中，我们考量了我国与10个主要贸易伙伴的进口、出口贸易数据，所有数据均为时间序列数据，频率为月度，时间窗口为2005年8月至2013年12月。在研究数据中，进出口贸易数据来源于WIND资讯数据库，工业生产指数、生产者物价指数、进口/出口价格指数、汇率数据来源于国际货币基金组织国际金融统计数据库。在研究中，本书所使用的统计数据均为季节调整后（Seasonal Adjusted）数据，可真实反映经济波动情况，季节调整采用的是X12方法。汇率数据采用名义汇率月度平均值，之所以选用名义汇率，是因为短期的成本和价格的变动相对来讲更为迅速，市场参与者在进行生产和贸易决策时直接面对的就是名义汇率，因此，名义汇率可以更好地反映出市场参与者面对的由于汇率波动所带来的不确定性，较容易被市场参与者所预测，具体变量描述见表6-2。

表 6 – 2　　　　　　　　　　　　变量描述及数据来源

变量	定义	描述	数据来源
X	出口额	我国对其贸易伙伴的出口额，以 2005 年为基期进行指数化处理	WIND 资讯数据库
M	进口额	我国对其贸易伙伴的进口额，以 2005 年为基期进行指数化处理	
Px	出口价格指数（2005 = 100）	我国出口价格指数	
Pm	进口价格指数（2005 = 100）	我国进口价格指数	
P	国外价格指数（2005 = 100）	国外替代产品的价格指数，国外生产者价格指数	国际货币基金组织国际金融统计数据库
Pw	相对出口价格指数 $Pw = Px/P^*$	我国相对出口价格指数，通过计算得出	
Pv	相对进口价格指数 $Pv = Px/P^*$	我国相对进口价格指数，通过计算得出	
Y	外国收入指数（2005 = 100）	使用工业生产指数表示，反应贸易伙伴的经济状况	
e	汇率	人民币与贸易伙伴货币的汇率	
V	汇率波动	反映汇率的波动情况，通过 GARCH 模型计算得出	

6.3　实证分析结果及相关说明

6.3.1　汇率波动风险的测量

为了测量汇率波动对国际贸易的影响，首先要基于汇率时间序列测算得出汇率波动时间序列。本书采用波勒斯列夫（T. Bollerslev）的 GARCH（p，q）模型去测算汇率波动，由于不同的汇率时间序列可能有不同的波动表现，因此不同的汇率时间序列可能选择不同的 p、q 值，

最优 p、q 值的选择取决于显著的最高阶数，通过 AIC 和 SBC 指标来进行选择最优设置。表 6-3 展示了我国与不同贸易伙伴货币的汇率时间序列采用的 GARCH 模型形式和估计结果，对于人民币兑美元、日元、英镑、印度卢比、马来西亚林吉特、新加坡元的汇率序列，本书选择了 GARCH（1，1）的模型设定；对于人民币兑韩元、欧元（德国、荷兰使用欧元）、卢布，本书选择了 GARCH（0，1）的模型设定。从相关统计检验指标来看，各 GARCH 模型整体拟合性较好。

表 6-3　　　　　　　　　汇率波动 GARCH 模型检验结果

货币	均值方程系数		条件方差方程系数			检验指标		
GARCH	δ_0	δ_1	a_0	a_i	β_i	$\overline{R}^2$	AIC	SBC
美元	-0.0006	0.9996**	0.0001	0.4733**	0.5526**	0.9980	-8.7238	-8.5935
(1, 1)	(-0.1127)	(352.2453)	(1.4919)	(2.7594)	(4.8854)			
日元	-0.0300	0.9890**	0.0001**	0.1133*	0.3806**	0.9284	-4.5063	-4.3760
(1, 1)	(-0.3533)	(40.6722)	(2.9075)	(1.7481)	(1.8930)			
韩元	-0.1240**	0.9751**	0.0004**	—	0.5736**	0.9733	-4.5392	-4.4349
(0, 1)	(-2.0986)	(85.6655)	(6.7732)		(3.1242)			
欧元	-0.0486	0.9784**	0.0004**	—	0.2606*	0.9376	-4.6112	-4.5070
(0, 1)	(-0.8556)	(38.4623)	(5.5813)		(1.8001)			
英镑	-0.0083	0.9957**	0.0004**	0.4208**	0.8245**	0.9798	-4.6004	-4.4701
(1, 1)	(-0.8174)	(67.3366)	(3.3139)	(1.8969)	(3.0719)			
卢布	-0.0054	0.9950**	0.0003**	—	0.9944**	0.9610	-4.4526	-4.4384
(0, 1)	(-0.2541)	(69.7598)	(5.3752)		(4.6947)			
卢比	-0.0029	0.9914**	0.0005	0.0921*	0.9922**	0.9850	-4.8316	-4.7014
(1, 1)	(-1.4723)	(392.4243)	(0.3087)	(1.7522)	(12.3312)			
吉林特	-0.0121**	0.9824**	0.0001	0.8472*	0.9855**	0.9180	-5.7305	-5.7002
(1, 1)	(-6.3106)	(225.9794)	(1.5007)	(1.8300)	(14.5676)			
新加坡元	-0.0502	0.8501**	0.0003**	0.1745*	0.7633**	0.8976	-5.9924	-5.9622
(1, 1)	(-1.3906)	(39.9832)	(3.4074)	(1.9115)	(5.0916)			

注：GARCH（0，q）等同于 ARCH（q），**、* 分别表示统计值在 5%、10% 置信区间下是显著的，估计系数下方的括号内为 Z 值。

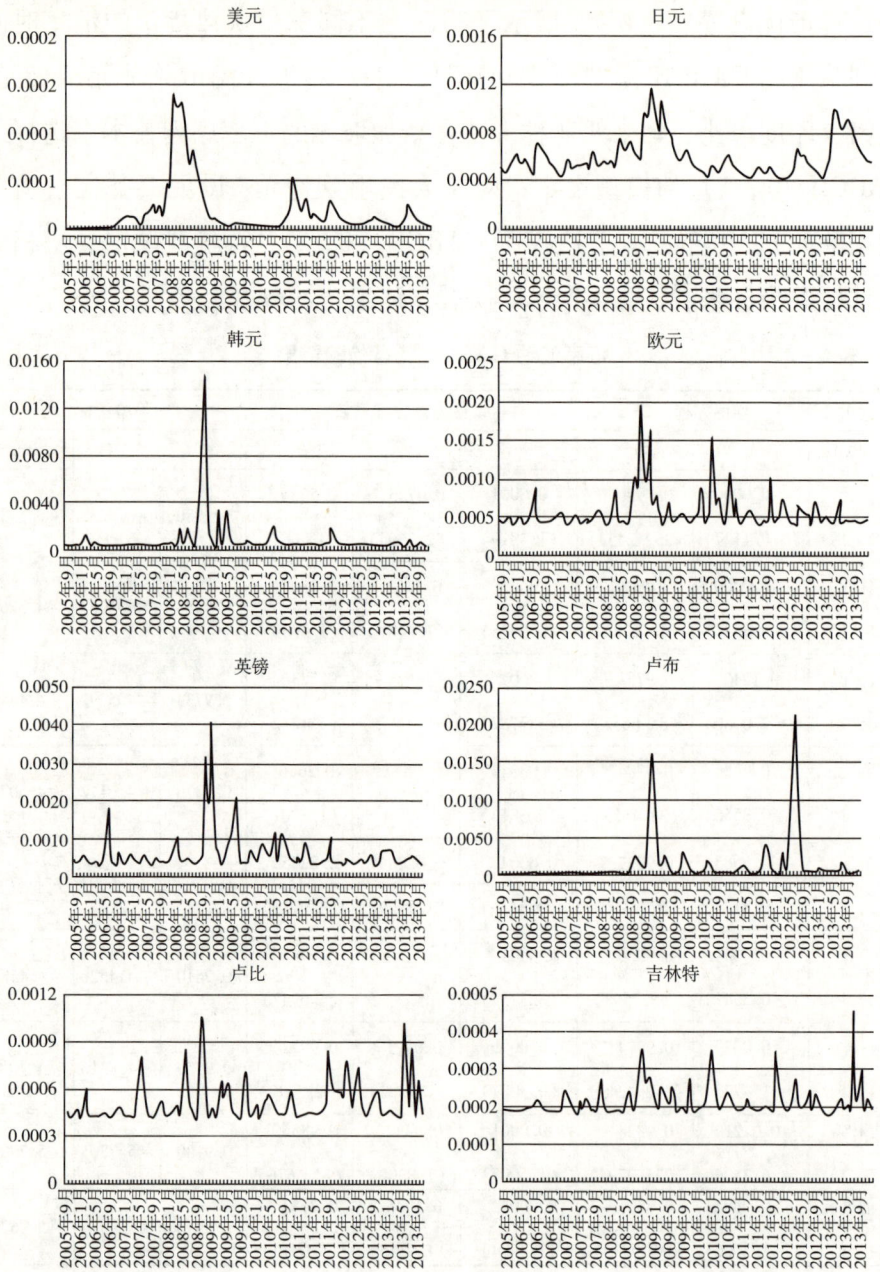

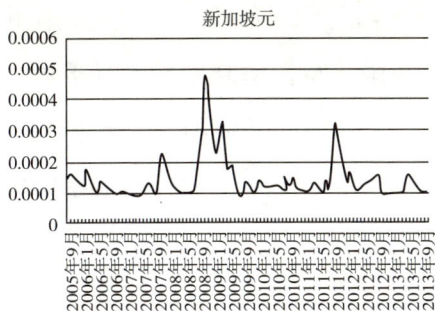

图 6 - 1 2005 年 8 月至 2013 年 12 月人民币兑主要贸易伙伴货币的汇率波动

通过对 GARCH 模型的测算，我们得出人民币兑主要贸易伙伴 2005 年 8 月至 2013 年 12 月期间汇率波动的时间序列（见图 6 - 1）。通过观察波动趋势图可以看出，在观察期内人民币与主要贸易伙伴货币的汇率均存在频繁的波动，这种波动说明了人民币汇率风险是存在的，汇率波动表现得越剧烈，则汇率的不确定性越大，外汇市场上的汇率风险越高。纵观人民币兑我国主要国际贸易伙伴货币汇率的波动情况，首先，可以发现汇率波动水平与贸易伙伴的经济规模和发展状况有关，比如我国与美国、日本、韩国、德国、荷兰、英国等经济规模较大、发展水平较高的发达国家之间的汇率波动曲线剧烈程度相对较低，但与新兴经济体国家，如俄罗斯、印度，以及经济发展水平不高的国家（如马来西亚）之间的汇率波动相对表现得更为剧烈，这在一定程度上表明了发达国家货币汇率的稳定性要优于新兴经济体国家和发达程度相对较低的国家。其次，人民币与各贸易伙伴货币的汇率波动序列之间也存在一定的关联性，比如在 2008 年美国金融危机期间所有汇率序列的波动尤为集中和强烈，说明了在世界经济全球化的背景下，汇率变化会受到经济波动的影响，美国金融危机的波及范围是全球性的。最后，人民币与各个贸易伙伴货币的汇率波动序列从长期趋势来看，均具有一定的稳定性，虽然存在频繁的震荡，但是震荡幅度从数量级上来看是相对较小的，这反映出人民币汇率制度的灵活性以及允许人民币浮动的范围虽然较之

2005 年 7 月汇率改革之前有明显的增强，但是人民币汇率浮动仍处在一个可控的范围之内。我国现行汇率制度并不是美国、英国等西方发达国家所采用的真正意义上的浮动汇率制度，按照国际货币基金组织的划分，人民币汇率制度属于类似爬行型的中间汇率制度。

6.3.2　数据平稳性检验

在检验汇率波动与国际贸易间的关系前，需要对模型中各变量的平稳性进行检验，本书使用增广的迪基—富勒检验（Augmented Dickey - Fuller Test，ADF 检验）对数据的平稳性进行测试，所有指标均取对数形式。为保证检验结果的准确性，本书同时还考虑了包含常数但不包含趋势项，以及包含常数和趋势项两种检验形式，通过 AIC 和 SBC 指标选取最优的 ADF 检验阶数。从测试结果中（见表 6 - 4）可以看出，除汇率波动序列为 I（0）外，其他各序列均为 I（1），这与我们的预期一致，因此可以继续进行下一步 ARDL 边界检验和变量之间的协整关系检验。

表 6 - 4　　　　　　　　　　ADF 单位根检验结果

检验条件：包含常数项，不包含时间趋势项					
贸易伙伴	出口 LX	进口 LM	出口相对价格 LPw	进口相对价格 LPv	外国收入 LY	汇率波动 V
美国	- 1.4076	- 1.8670	- 0.78304	- 1.1227	- 2.8640	- 3.9401 *
	(- 11.1628 *)	(- 10.1854 *)	(- 7.7577 *)	(- 7.1740 *)	(- 5.9286 *)	(- 10.9312 *)
日本	- 1.2632	- 2.7006	- 1.2733	- 2.7794	- 1.5088	- 3.3070 *
	(- 4.9451 *)	(- 4.8032 *)	(- 8.4067 *)	(- 9.9530 *)	(- 7.8126 *)	(- 11.1332 *)
韩国	- 2.7399	- 1.0937	- 2.7236	- 1.9653	- 0.6251	- 6.8326 *
	(- 4.9451 *)	(- 4.1988 *)	(- 8.0599 *)	(- 7.3575 *)	(- 9.1304 *)	(- 6.9595 *)
德国	- 0.5036	- 2.9980	- 2.3569	- 2.3107	- 1.0824	- 3.4465 *
	(- 13.3380 *)	(- 10.0974 *)	(- 8.0626 *)	(- 8.4247 *)	(- 8.5769 *)	(- 10.9119 *)
荷兰	- 2.6125	- 2.2123	- 1.8742	- 2.642	- 0.8281	- 3.4465 *
	(- 4.5132 *)	(- 7.3219 *)	(- 7.0907 *)	(- 8.5121 *)	(- 4.0254 *)	(- 10.9119 *)

检验条件：包含常数项，不包含时间趋势项					
贸易伙伴	出口 LX	进口 LM	出口相对价格 LPw	进口相对价格 LPv	外国收入 LY	汇率波动 V
英国	−1.6254	−2.2091	−1.0693	−1.9801	−2.0180	−3.5555*
	(−4.8031*)	(−5.1430*)	(−4.4366*)	(−4.6711*)	(−3.3915*)	(−7.1123*)
俄罗斯	−2.0481	−2.0516	−1.4105	−2.8316	−0.7191	−4.4284*
	(−3.8526*)	(−4.2337*)	(−8.0767*)	(−8.1438*)	(−9.6055*)	(−6.5936*)
印度	−3.0934	−1.9309	−1.7559	−1.7417	−1.5184	−4.3561*
	(−3.6824*)	(−11.2137*)	(−7.0320*)	(−7.8659*)	(−4.6861*)	(−7.2805*)
马来西亚	−2.2046	−3.3590	−2.6523	−1.9844	−2.4725	−4.4053*
	(−5.1127*)	(−4.1883*)	(−8.2811*)	(−7.0664*)	(−5.1159*)	(−7.3089*)
新加坡	−2.2732	−1.9290	−2.4082	−2.3738	−2.1973	−3.6937*
	(−10.7889*)	(−4.3106*)	(−6.9391*)	(−6.6453*)	(−8.5917*)	(−10.2931*)

检验条件：包含常数项和时间趋势项					
贸易伙伴	出口 LX	进口 LM	出口相对价格 LPw	进口相对价格 LPv	外国收入 LY	汇率波动 V
美国	−1.1941	−3.3692	−1.6198	−2.6267	−3.0501	−3.6285*
	(−14.6591*)	(−10.3643*)	(−7.8403*)	(−7.2047*)	(−6.1437*)	(−9.6236*)
日本	−2.8113	−1.7793	−3.1181	−3.3758	−2.7804	−3.8340*
	(−4.9195*)	(−3.5082*)	(−8.3673*)	(−9.5482*)	(−7.8527*)	(−11.0857*)
韩国	−1.9129	−2.0230	−3.0799	−2.4888	−2.9536	−6.8223*
	(−12.4328*)	(−3.5082*)	(−8.4021*)	(−7.3341*)	(−7.8527*)	(−6.9267*)
德国	−2.5089	−2.6420	−2.5990	−2.6420	−2.7224	−4.1229*
	(−3.2469*)	(−7.0090*)	(−8.6913*)	(−7.0090*)	(−7.8988*)	(−7.2485*)
荷兰	−1.6096	−0.8243	−3.0441	−0.8243	−2.8958	−4.1229*
	(−10.1522*)	(−9.7006*)	(−8.3992*)	(−9.7006*)	(−9.3737*)	(−7.2485*)
英国	−1.5175	−3.1476	−2.1296	−0.4832	−2.8619	−3.6015*
	(−4.9650*)	(−8.6225*)	(−6.0935*)	(−7.2303*)	(−3.9999*)	(−7.0929*)
俄罗斯	−1.8495	−1.7965	−0.5290	−0.9205	−1.1458	−4.4947*
	(−3.7499*)	(−11.1789*)	(−6.7347*)	(−7.9127*)	(−4.2025*)	(−6.5686*)
印度	−2.6747	−1.5946	−0.6416	−2.0399	−2.4725	−4.4332*
	(−4.8357*)	(−4.1940*)	(−8.3308*)	(−6.6982*)	(−4.8496*)	(−7.3531*)

续表

检验条件：包含常数项和时间趋势项					
贸易伙伴	出口 *LX*	进口 *LM*	出口相对价格 *LPw*	进口相对价格 *LPv*	外国收入 *LY*	汇率波动 *V*
马来西亚	−2.7172 (−10.5321*)	−1.2728 (−4.3345*)	−2.3595 (−6.9556*)	−2.0866 (−6.6742*)	−1.6931 (−8.6104*)	−4.7537* (−7.1247*)
新加坡	−2.8025 (−7.0236*)	−1.7415 (−9.2654*)	−2.3120 (−8.7648*)	−1.7411 (−12.3576*)	−2.0961 (−8.3346*)	−3.6796* (−10.2398*)

注：括号中表示变量一阶差分后的 ADF 检验结果，* 表示 ADF 检验在 5% 置信区间内是显著的；ADF 统计结果的选择基于 AIC 和 SBC 指标。

6.3.3　汇率波动风险对我国国际贸易影响的检验

1. ARDL – ECM 模型检验

本书使用 ARDL 协整方法（Pesaran 等，2001）来进行汇率波动对国际贸易影响的检验。首先需要对前面所构建的 ARDL – ECM 模型进行边界检验（Bounds Test），将所测得的 F 统计值与相对应的临界值指标进行比较，如果 F 统计值指标大于临界值指标上限，则表示该模型变量存在长期协整关系，如果 F 统计值指标小于临界值指标上限，则表示该模型变量不存在长期协整关系，这时需要去考虑变量之间短期的动态表现。根据 Pesaran 等（2001）的模型临界值选择要求，结合本书的模型设计，本书选取包含有 3 个回归元、不限制常数、不包含趋势情况下的临界值指标。

表 6 – 5　　　　　　　　ARDL 边界检验结果

贸易伙伴	出口模型检验 F 统计值	进口模型检验 F 统计值
美国	4.4899*	1.1418
日本	0.8249	4.2462*
韩国	4.9486*	4.3855*
德国	0.6508	1.1790

续表

贸易伙伴	出口模型检验 F 统计值	进口模型检验 F 统计值
荷兰	6.2220 *	1.2203
英国	2.7782	3.1359
俄罗斯	6.2376 *	2.9756
印度	6.7626 *	4.0908 *
马来西亚	1.9338	1.3554
新加坡	3.7790 *	4.7352 *

注：ARDL – ECM 模式是在不限制常数、不包含趋势情况下进行测算的，5% 的置信区间下的临界值上限为 3.625，* 表示 F 统计值在 5% 的置信区间下是显著的，临界值标准取自 Pesaran 等（2001）。

在表 6 – 5 中，我们可以看出，美国、韩国、荷兰、俄罗斯、印度、新加坡 6 个进口贸易伙伴以及日本、韩国、印度、新加坡 4 个出口贸易伙伴模型的 F 统计值在 5% 的置信区间下大于临界值上限，因此对于这些模型可以拒绝不存在长期协整关系的零假设，并进行长期协整关系的计算，模型变量滞后期数选择首先需要保证残差项不存在序列相关性；其次，基于 AIC 和 SBC 指标选择最优的滞后期数。但是，对于日本、德国、英国、马来西亚 4 个出口贸易伙伴以及美国、德国、荷兰、英国、俄罗斯、马来西亚 6 个进口贸易伙伴的模型，F 统计值小于临界值上限，表示这些模型变量之间不存在长期协整关系，因此我们对这些模型进行了短期动态关系的测算。

与此同时，为确保模型设定的合理性和测算结果的准确性，我们对模型数据进行了必要的诊断检验，包括残差项序列相关性（Serial Correlation）检验、Ramsay RESET 函数形式设定错误（Functional Form Mis – specification）检验、White 异方差性（Heteroskedasticity）检验，同时，本书利用递归残差累积和（CUSUM）和递归残差平方累积和（CUSUMSQ）检验来分析模型的稳定性。从诊断检验结果来看，各贸易模型均具有稳定性，拟合效果较好，残差项不存在序列相关性，通过了各项诊断检验（诊断检验结果见表 6 – 6 和表 6 – 7）。

表6-6　　　　　　　　　　出口贸易模型诊断检验结果

贸易伙伴	序列相关性 CHSQ (1)	序列相关性 CHSQ (4)	函数形式设定 CHSQ (1)	异方差 CHSQ (1)	递归残差累积	递归残差平方累积和
美国	0.4620 [0.497]	2.2569 [0.689]	0.2238 [0.636]	1.5035 [0.220]	稳定	稳定
日本	1.7370 [0.188]	7.6766 [0.104]	0.0229 [0.880]	0.3540 [0.552]	稳定	稳定
韩国	0.0144 [0.904]	3.5981 [0.463]	0.7772 [0.378]	1.4846 [0.223]	稳定	稳定
德国	0.0012 [0.972]	5.7819 [0.216]	2.0595 [0.151]	0.0739 [0.786]	稳定	稳定
荷兰	1.1180 [0.290]	4.3675 [0.359]	1.0193 [0.313]	0.0028 [0.957]	稳定	稳定
英国	1.9139 [0.167]	2.2866 [0.683]	0.0080 [0.977]	0.0223 [0.881]	稳定	稳定
俄罗斯	3.3471 [0.067]	6.5618 [0.161]	2.7999 [0.094]	3.7840 [0.052]	稳定	稳定
印度	3.2027 [0.074]	6.1485 [0.188]	2.1224 [0.145]	0.4624 [0.496]	稳定	稳定
马来西亚	0.8280 [0.363]	7.8260 [0.098]	0.3495 [0.554]	0.5991 [0.439]	稳定	稳定
新加坡	0.0452 [0.832]	5.1647 [0.271]	2.9655 [0.085]	0.3999 [0.527]	稳定	稳定

注：CHSQ表示基于LM的卡方统计值，括号内的数值为P值。递归残差累积（CUSUM）和递归残差平方累积和（CUSUMSQ）曲线位于上下两条边界线内，则表明在5%的置信区间下，模型结构具有稳定性。

表6-7　　　　　　　　　　进口贸易模型诊断检验结果

贸易模型	序列相关性 CHSQ (1)	序列相关性 CHSQ (4)	函数形式设定 CHSQ (1)	异方差 CHSQ (1)	递归残差累积	递归残差平方累积和
美国	0.0840 [0.772]	6.6856 [0.153]	3.5957 [0.058]	1.0322 [0.310]	稳定	稳定
日本	1.8467 [0.174]	8.9869 [0.061]	0.6162 [0.432]	1.0729 [0.300]	稳定	稳定
韩国	0.2882 [0.591]	3.2523 [0.517]	1.7487 [0.186]	0.9193 [0.338]	稳定	稳定
德国	0.0687 [0.793]	0.3043 [0.990]	1.9315 [0.165]	0.1417 [0.707]	稳定	稳定
荷兰	0.5940 [0.441]	4.7309 [0.316]	0.0013 [0.971]	2.1225 [0.145]	稳定	稳定
英国	0.0206 [0.886]	1.9024 [0.754]	0.0017 [0.967]	0.0176 [0.894]	稳定	稳定
俄罗斯	0.2749 [0.600]	4.9052 [0.297]	1.9621 [0.161]	0.0011 [0.992]	稳定	稳定
印度	2.5999 [0.107]	8.2651 [0.082]	1.8215 [0.177]	0.1820 [0.670]	稳定	稳定
马来西亚	2.1648 [0.141]	7.7670 [0.100]	1.3514 [0.245]	2.2986 [0.129]	稳定	稳定
新加坡	0.0957 [0.757]	7.6134 [0.107]	0.0398 [0.842]	0.0741 [0.785]	稳定	稳定

注：CHSQ表示基于LM的卡方统计值，括号内的数值为P值。递归残差累积（CUSUM）和递归残差平方累积和（CUSUMSQ）曲线位于上下两条边界线内，则表明在5%的置信区间下，模型结构具有稳定性。

2. 模型估计结果分析

鉴于本书所设定的贸易模型通过了各项诊断检验，因此，可以进一步对模型的估计系数进行分析。

表6－8　　　　　　　　　　　出口贸易长期协整关系检验结果

贸易伙伴 （滞后期）	常数	时间趋势	相对出口 价格 LPw	外国收入 LY	汇率波动 V
美国 (1, 0, 0, 4)	4.5552 ** (3.8161)	0.0028 (1.6215)	− 0.2689 (− 1.0261)	0.8295 ** (3.5331)	− 7.2797 ** (− 4.0540)
韩国 (3, 0, 2, 0)	− 2.5002 ** (− 2.4738)	− 0.0035 ** (− 2.4753)	− 0.0140 (− 0.1680)	1.4209 ** (8.3659)	− 3.0450 * (− 1.6893)
荷兰 (1, 0, 1, 1)	1.0319 (0.6529)	0.0038 ** (2.1932)	0.2140 (0.9253)	1.1464 ** (2.7529)	− 9.7978 ** (− 3.3628)
俄罗斯 (1, 0, 2, 0)	− 0.2463 (− 0.1416)	0.0069 ** (2.0170)	0.3557 (1.5197)	1.3135 ** (4.8147)	− 0.3116 (− 0.4832)
印度 (4, 0, 4, 0)	− 1.1184 (− 0.6964)	− 0.0013 (− 0.3090)	− 0.0796 (− 0.3433)	1.2361 ** (5.0402)	− 8.3140 ** (− 2.2854)
新加坡 (4, 0, 0, 3)	4.4854 ** (3.2408)	0.0016 (1.2804)	− 0.7836 ** (− 3.5349)	0.1989 (1.4237)	− 18.9012 ** (− 2.9033)

注：**、*分别表示统计值在5%、10%置信区间下是显著的，括号内的数值为T值。模型检验指标中，美国：R － Bar 方 = 0.8346，D. W. = 2.0744；韩国：R － Bar 方 = 0.7313，D. W. = 2.0174；荷兰：R － Bar 方 = 0.8140，D. W. = 1.9479；俄罗斯：R － Bar 方 = 0.9044，D. W. = 1.8246；印度：R － Bar 方 = 0.9483，D. W. = 2.0576；新加坡：R － Bar 方 = 0.7770，D. W. = 2.0249。

表6-9　　　　　　　　进口贸易长期协整关系检验结果

贸易伙伴 (滞后期)	常数	时间趋势	相对进口 价格 *LPv*	外国收入 *LY*	汇率波动 *V*
日本	8.3467 **	0.0040 **	0.3637 **	1.0882 **	-4.2898
(0, 0, 3, 0)	(5.9562)	(5.2532)	(3.6269)	(6.2759)	(-1.1013)
韩国	6.4254 **	0.0044 **	0.1864 **	1.2943 **	-1.9862
(1, 0, 1, 0)	(5.6168)	(3.6114)	(2.9075)	(9.3302)	(-1.3749)
印度	-1.4261	-0.0012	0.2293	1.6601 **	-3.3397 *
(1, 0, 0, 0)	(-0.8647)	(-0.3465)	(1.0575)	(4.4709)	(-1.6256)
新加坡	6.0110 **	0.0028 **	0.1722	0.5509 **	-9.8894 *
(1, 0, 0, 0)	(5.4865)	(2.5225)	(0.9190)	(3.6326)	(-1.6933)

注: **、* 分别表示统计值在5%、10%置信区间下是显著的, 括号内的数值为 T 值。模型检验指标中, 日本: R-Bar 方=0.7647, D.W.=2.1068; 韩国: R-Bar 方=0.9336, D.W.=2.0598; 印度: R-Bar 方=0.7479, D.W.=1.9206; 新加坡: R-Bar 方=0.6979, D.W.=1.9697。

　　表6-8、表6-9展示的是对存在长期协整关系模型的检验结果。从检验结果中可以看出, 就我国的出口贸易而言, 对于相对出口价格这一变量, 大部分贸易伙伴的系数为负值, 该系数符号与我们的预期相符, 但其中只有新加坡这一个贸易伙伴的统计结果是显著的, 说明相对价格对我国的出口额虽然呈现了反方向的作用, 但是这种作用从总体上来看是不显著的。这一现象也说明了国外对与我国出口商品的需求较为稳定, 我国出口商品的价格优势比较明显, 不易受到相对价格变动的影响。从结果中, 我们还可以看出外国收入的增加对我国的出口贸易有显著的拉动作用, 这也与我们之前的预期一致, 贸易伙伴国民经济的发展会促进其同我国的国际贸易, 经济发展会带来贸易需求增加、购买力的增强, 这对于带动我国的出口贸易是有帮助的。关于汇率波动风险对出口的影响, 6个贸易伙伴中, 除了俄罗斯外, 5个在统计上具有显著性的结果均显示人民币汇率波动风险对出口有着反方向的作用。因此, 本书认为, 人民币汇率波动风险的提高将会降低我国对这些贸易伙伴的出

口贸易水平。

就我国进口贸易而言，相对进口价格对进口贸易有着正向的影响，其中日本、韩国两个贸易伙伴的结果在统计上是显著的，说明我国对于进口产品需求具有一定的需求刚性，不容易因价格的波动而发生变化，这与我们的预期吻合。就外国收入来说，它对进口的影响是正向的，且在统计上是显著的，说明贸易伙伴经济的发展对其国际贸易有着积极的促进作用，从一定程度上来说，贸易伙伴收入的增加也部分归功于出口的增加。与出口贸易的情况相似，汇率波动风险对我国进口贸易呈现负方向的影响，但仅有印度和新加坡的统计结果是显著的。因此，从总体上来看，人民币汇率波动通过风险偏好渠道对我国进口贸易的传导效应偏弱。

表 6 – 10 　　　　　　　　　出口贸易短期影响检验结果

贸易伙伴		常数	出口 ΔLX	相对出口 价格 ΔLPw	外国收入 ΔLY	汇率波动 ΔV
日本	滞后期	0	1	0	0	0
	系数	0.0167 * (1.7823)	– 0.4740 ** (– 3.7258)	– 0.2580 (– 0.9552)	0.4648 ** (2.8389)	– 2.6131 (– 0.9631)
德国	滞后期	0	1	0	0	0
	系数	0.0095 (0.6561)	– 0.4873 ** (– 4.0611)	– 0.2310 (– 0.5019)	2.1653 ** (2.0906)	– 0.5587 (– 0.1198)
英国	滞后期	0	1	0	0	4
	系数	0.0262 (1.4713)	– 0.7029 ** (– 2.6352)	– 0.5514 (– 0.9559)	1.6419 (0.8687)	– 9.5073 ** (– 2.2708)
马来西亚	滞后期	0	1	0	0	0
	系数	0.0203 (1.3898)	– 0.3305 ** (– 2.9139)	– 0.3923 (– 0.7265)	1.9512 ** (5.0571)	– 0.9551 (– 1.1550)

注：** 、* 分别表示统计值在 5% 、10% 置信区间下是显著的，括号内的数值为 T 值。模型检验指标中，日本：R – Bar 方 = 0.8137，D. W. = 2.0569；德国：R – Bar 方 = 0.4907，D. W. = 1.9850；英国：R – Bar 方 = 0.5748，D. W. = 1.9604；马来西亚：R – Bar 方 = 0.4659，D. W. = 2.0470。

表 6-11 进口贸易短期影响检验结果

贸易伙伴		常数	出口 ΔLX	相对进口价格 ΔLPw	外国收入 ΔLY	汇率波动 ΔV
美国	滞后期	0	1	0	0	3
	系数	0.0345 **	-0.6195 **	0.1209	1.6673 *	-31.2299 *
		(2.2352)	(-4.9868)	(0.2787)	(1.8200)	(-1.9621)
德国	滞后期	0	1	0	0	4
	系数	0.0315 **	-0.7553 **	0.5022	2.0231 *	-8.4749 **
		(2.1817)	(-6.1398)	(1.3278)	(1.8421)	(-2.0007)
荷兰	滞后期	0	1	0	0	1
	系数	0.0383	-0.7029 **	0.6128	0.7829	-17.7128 *
		(1.5620)	(-5.4708)	(0.9122)	(0.6609)	(-1.7724)
英国	滞后期	0	1	0	0	0
	系数	0.0640 **	-0.8551 **	0.1243	3.5712 *	-2.4337
		(3.8505)	(-7.1652)	(0.3018)	(1.9314)	(-1.2416)
俄罗斯	滞后期	0	1	0	0	0
	系数	0.0098	-0.1994 *	0.4460	0.4698 *	-0.1968
		(0.5792)	(-1.8409)	(1.2984)	(1.5782)	(-0.2481)
马来西亚	滞后期	0	1	0	0	0
	系数	0.0196	-0.5614 **	0.4124	1.8675 **	-1.2311
		(1.2635)	(-4.7698)	(0.9241)	(4.1194)	(-1.3295)

注：**、*分别表示统计值在5%、10%置信区间下是显著的，括号内的数值为 T 值。模型检验指标中，美国：R-Bar 方 = 0.5721，D.W. = 1.9057；德国：R-Bar 方 = 0.5907，D.W. = 1.9850；荷兰：R-Bar 方 = 0.5216，D.W. = 1.8984；英国：R-Bar 方 = 0.4561，D.W. = 1.9692；俄罗斯：R-Bar 方 = 0.4797，D.W. = 2.0413；马来西亚：R-Bar 方 = 0.4969，D.W. = 1.8965。

表 6-10 和表 6-11 是对模型变量短期动态关系的估计结果，从总体上来看，短期影响的作用方向与长期影响是一致的。就外国收入而言，其对于进出口贸易会产生积极的促进作用，所有分析结果在统计上都是显著的。相对价格因素对于进口、出口的影响在统计上均是不显著的，说明我国进出口的价格弹性偏弱，需求较为稳定，基本上不容易受到短期价格变动冲击。在短期上，汇率波动风险对贸易有反方向的作

用，但仅有英国、美国、德国和荷兰 4 个贸易伙伴的统计结果是显著的，说明总体作用效果不强。此外，对于我国的进口贸易而言，各变量对进口贸易的影响作用主要呈现的是短期动态影响，在 10 个贸易伙伴中仅有日本、德国、英国和马来西亚呈现出长期协整关系。因此，从长期上来看，相对于进口贸易，我国的出口贸易更容易受到汇率波动风险的影响，这在一定程度上也反映出我国对进口的依赖度较高。

6.3.4 实证分析结果说明

上面对实验结果进行了描述，从实验结果中可观测得出以下几种现象：

1. 人民币汇率波动风险会对我国进出口贸易产生抑制作用，我国的出口贸易更容易受到汇率波动风险的影响

从长期的影响作用关系来看，在我国与 10 个贸易伙伴的国际贸易中，仅与其中 5 个贸易伙伴的国际贸易会受到汇率波动风险的显著影响，且出口贸易占据多数，因此，从实证分析结果上看，人民币汇率波动风险对于我国的进出口贸易，特别是出口贸易，存在不利的影响，但总体影响效果偏弱。产生这种现象的可能原因有以下几个方面：一是与市场本质有关，市场参与者的整体风险偏好情况决定了汇率波动风险对于国际贸易的影响程度，我国企业对于汇率波动风险的敏感度不高，汇率波动风险对企业贸易决策的影响有限。二是与我国高速发展的经济形势有关，我国经济处在一个快速稳定发展的时期，进出口贸易逐年增长，我国出口产品在国际上具有一定的价格优势，因此汇率波动不会对出口带来较大的影响；在我国粗放型的经济发展模式下，制造业对于进口能源、原材料的依赖较重，对于进口产品的需求刚性较强，因此，汇率波动对进口的影响也是有限的。三是我国作为一个经济大国，同时具有高额的外汇储备，应对经济震荡、汇率波动的能力相对较强。四是人民币汇率制度还不是真正意义上的浮动汇率制度，按照国际货币基金组

织的分类标准属于类似爬行型的中间汇率制度，汇率波动时间序列震荡的幅度从数量级上看是较小的，从长期趋势上看是相对稳定的。我们应当注意的是，随着人民币汇率改革的不断深化、国际化程度的不断提高，人民币汇率浮动范围会进一步放宽，汇率波动风险将加剧，故汇率波动风险对国际贸易的抑制程度将会增强，这对我国的外汇管理提出了更高的要求。

2. 贸易伙伴的经济发展对我国进出口贸易具有显著的促进作用

从实证分析结果中可以看到外国收入，即贸易伙伴经济情况，对我国的国际贸易有显著的带动作用。贸易伙伴经济的发展会促进其国际贸易水平的提升，本国商品的出口将会增加，同时，对于进口商品的需求水平也会提高，因此，贸易伙伴与我国之间的国际贸易额将会增长。这一结论与国际贸易基本理论是一致的，和前期相关研究结论相吻合，经济发展将会导致总需求扩大，从而促进国际贸易往来的频度增高、贸易额增加，带来贸易双方的共同繁荣。

3. 进出口商品相对价格的变化不会对我国进出口贸易带来显著的影响

进出口商品相对价格的变化对我国国际贸易的影响从总体上来看是不显著的。对于这种现象较为合理的解释有以下几个方面：一是我国作为世界第二大经济体，与主要贸易伙伴之间的经贸关系比较稳定，各国对我国出口产品的依赖性较强，不容易受价格波动的影响；二是我国的出口商品价格优势相对明显，相对价格的轻度波动，不足以影响这种优势；三是我国高速的经济发展对于进口产品、原材料的依赖性较强，进口商品相对价格的变动不会对我国的进口需求带来明显的影响；四是在国际贸易中，相对较小的经济体如马来西亚等，往往是价格接受者，而不是价格制定者，因此价格波动对于此类国家和地区与我国的国际贸易不会产生显著的影响。该结论与上一章的研究结论相吻合，汇率水平的变化总体上不会对我国的国际贸易带来较大的影响，从实践上来看，汇率的变动比进出口产品价格的变动更为迅速，因此，进出口商品的相对价格变化中有一部分原因可以归结为汇率水平的变化。

4. 汇率波动对于我国出口贸易的影响主要表现为长期性，对于进口贸易的影响主要表现为短期性

根据出口模型的分析结果，汇率波动对我国出口贸易的影响主要表现为长期的协整关系。从长期的影响来看，人民币汇率波动是不利于我国出口贸易的，汇率波动对于出口的影响存在一定的时滞效应，比如对贸易伙伴美国、新加坡和荷兰的影响分别存在 4 期、3 期和 1 期的滞后，其成因主要是在最初一段时间内消费和生产行为具有一定的粘性作用（Stickness Effect），因此当汇率波动风险增强时，出口贸易量不会立即发生明显的变化，经过一段滞后时间，汇率波动才会传导到贸易行为上，引起进出口贸易量的变化。汇率波动风险对于我国出口贸易的影响更大程度上取决于贸易伙伴的经济发展状况。我国的主要贸易伙伴中，大多数为西方发达国家，这些国家经济增速不高，其进口需求不如我国的进口需求稳定性高，更容易受到汇率波动的影响。汇率波动对我国进口贸易的传导主要展现的是短期动态作用效果，从长期的影响作用上看，我国进口贸易不容易受到汇率波动的影响。在过去 30 年间我国经济一直处在一个快速发展的过程，经济贸易的增长趋势是稳定的，长期以来我国需要从国外进口大量的粮食、生产设备和原材料以补充国内供给上的缺口。我国对于进口产品的依赖度较高、需求较为稳定，并有充足的外汇储备作为支撑，加之我国经济增速近年来虽有放缓，但处于一个上升期，人民币汇率处在持续升值的过程。因此，从总体上来看，汇率波动对我国的进口贸易仅在短期上存在一定的干扰作用，不会影响进口贸易的长期趋势。

6.4　小结

在本章中，我们通过构建包含了进出口贸易额、汇率波动、外国收入、进出口产品相对价格等变量的贸易模型，实证分析了人民币汇率波动对我国进出口贸易的传导效应。本书考量了我国与美国、日本、韩国、德国、荷兰、英国、俄罗斯、印度、马来西亚、新加坡10个主要国际贸易伙伴2005年8月至2013年12月的贸易数据，同时考虑了我国与贸易伙伴的出口贸易和进口贸易情况。本书采用GARCH模型来测算人民币汇率波动，为解决模型中同时存在I（1）和I（0）变量的问题，选择了自回归分布滞后（ARDL）协整方法，构建自回归分布滞后误差修正模型（ARDL－ECM）来分析人民币汇率波动对我国国际贸易的传导效应。

通过实证分析，本书发现：一是在我国现行汇率制度框架下，人民币汇率波动所带来的汇率风险会对我国与部分贸易伙伴的国际贸易带来负面影响，主要体现在对我国出口贸易的影响上，但在总体层面上，这种影响是偏弱的。随着人民币国际化程度的不断提高，汇率浮动范围会进一步放宽，汇率波动将加剧，对国际贸易的影响将增强，这需要我们加以密切地关注。二是贸易伙伴经济发展对我国的国际贸易有显著的促进作用，一个国家或地区经济水平的提高会带动贸易水平的提高，经济和国际贸易的发展是相辅相成、互相促进的。三是我国的国际贸易与进出口产品相对价格之间存在较弱的相关性，国际贸易不易受到进出口产品相对价格变动的影响。基于研究结论，本书认为人民币国际化进程应稳步推进，允许汇率自由浮动范围应在可控的情况下逐渐放开，保持汇率的稳定性，以降低对国际贸易的影响。

7

结论与建议

7.1 本书的主要结论

1. 汇率主要通过价格弹性渠道和风险偏好渠道这两种路径将自身的变化传导到国际贸易活动上

本书通过对汇率和国际贸易关系这一研究领域的主要理论进行深入分析和总结，梳理出汇率对于国际贸易的传导机制原理。理论上，汇率主要是通过两个路径将自身的变化传导到国际贸易活动上，这两个路径分别为价格弹性渠道和风险偏好渠道，它们分析的侧重点不同。

价格弹性渠道侧重于分析汇率变化引起的进出口产品价格的变化对进出口贸易所产生的影响，在进出口产品供给和需求价格弹性的约束下，进出口贸易额将发生变化，这在一定程度上将会引起进出口贸易总量的变化，传导效应的大小主要取决于进出口产品价格弹性的大小。风险偏好渠道侧重于分析汇率波动风险对于进出口贸易的影响，汇率的波动会导致外汇市场上汇率风险的产生，而市场参与者的风险偏好属性以及市场上套期保值工具的发达程度将影响市场参与者面对汇率风险时的进出口贸易决策，这种决策的变化将会对进出口贸易总量产生影响。影响作用的大小主要取决于：一是市场参与者的风险偏好，二是金融市场的发达程度以及金融避险工具的使用情况。上述价格弹性和风险偏好两个渠道影响的加总，即为汇率对于国际贸易的主要传导作用。

国际贸易水平的变化会引起经济水平的变化，同时也可能带来货币供给、利率水平的变化，这些因素又会对汇率水平产生影响。因此，汇率与国际贸易的传导作用关系是相互的。此外，汇率波动会对国内外经济带来一系列的影响，除国际贸易外，还会影响到国外直接投资、就业、利率，而这些方面的变化会间接地对国际贸易产生一定的影响作用，整个影响作用机制是一个长期的、动态的、复杂的过程。

2. 在我国现行汇率制度框架下，人民币汇率波动对于我国与部分贸易伙伴的国际贸易存在负面的影响，主要是由汇率波动风险引起的，但在总体层面上，这种影响是偏弱的

从汇率水平对我国进出口贸易影响的分析中，本书发现，人民币汇率水平变化对我国国际贸易总量的影响作用是偏弱的，人民币汇率水平变化不是国际贸易水平变化的格兰杰原因，汇率变化对国际贸易变化影响的作用程度较弱。为进一步分析贸易波动的原因，本书通过实证研究了汇率波动风险对于国际贸易的传导效应，发现汇率波动风险对于我国出口贸易的影响主要表现为长期性的影响作用，由于消费和生产行为的粘性作用，存在一定的时滞性，对于进口贸易的影响主要表现为短期的动态作用，不会干扰进口贸易的长期走势。从长期的影响效果来看，人民币汇率波动会对我国与美国、韩国、荷兰、印度、新加坡等主要贸易伙伴的出口贸易以及我国与印度和新加坡的进口贸易带来不同程度上的抑制作用。

综合考虑实证分析结果，本书认为虽然人民币汇率波动对于我国与部分贸易伙伴的进出口贸易带来抑制性的传导效应，但是基于贸易总量数据从总体作用效果来看，在我国现行的汇率制度框架和当前的经济背

景下，人民币汇率波动对于我国国际贸易的影响是偏弱的，不会显著地影响到我国国际贸易的发展趋势。

随着我国经济水平和生产力水平的逐渐提高，贸易结构也在不断地进行优化调整，进出口厂商逐步实行"走出去"的发展战略。就出口贸易而言，我国逐步出口从技术含量不高、价格低廉的初级产品转向工业制成品。在工业制成品中，具有较高需求价格弹性的机械电子产品和其他技术含量较高、附加值较高的产品占比越来越大。就进口贸易而言，随着我国粗放型经济发展模式的转变、生产力的提高，进口产品的结构在逐渐改变。现阶段我国对于工业制成品、高科技机电及其他技术密集型产品进口具有强依赖性的局面将逐渐改善，生产消耗型产品的依赖程度也会降低，这些产品的进口需求价格弹性会增强。从我国进口贸易的发展趋势来看，对于金融服务、电信服务等需求价格弹性较高的服务的进口将增加。因此，基于汇率的弹性分析理论，同时考虑到我国进出口贸易以及人民币汇率制度发展的实际情况，本书认为人民币汇率波动对于我国进出口贸易的影响在将来有逐渐增强的趋势，这一点需要我们加以密切的关注。

3. 我国国际贸易自身的震荡会对其造成短期的负向影响，但不会干扰到国际贸易的长期发展趋势

出口、进口向量误差修正模型分析结果显示，我国的进口贸易额、出口贸易额在滞后期的震荡会对当期的贸易额产生一定程度上的影响作用。进出口贸易额的震荡可以反映出进出口贸易的不确定性和不稳定性，而这很有可能带来一定的贸易风险。在这种情况下，面对贸易额的震荡，贸易商出于规避风险的考虑很可能会减少贸易量，进而导致进出口贸易额短期的下滑，但这种变化属于短期的动态调整，我国进出口贸易的长期发展趋势是稳定的，短期的动态调整不会干扰到进出口贸易的长期走势。

4. 贸易伙伴和我国自身的经济发展对我国国际贸易均有积极的促

进作用

本书发现外国收入，即贸易伙伴经济情况，对我国的国际贸易有显著的正向作用。贸易伙伴经济的发展会促进其国际贸易水平的提升，本国商品的出口会增加，同时对于进口商品的需求也将增加，因此，会促进贸易伙伴与我国之间的国际贸易。我国自身的经济情况与进出口贸易之间存在有格兰杰因果关系，具有相互促进作用，进出口贸易同我国的经济增长之间有着紧密的内在联系。出口贸易是我国重要的经济增长点，经济的增长也会带动进口需求的增加，我国进出口贸易的发展将促进相关产业的发展，提高总需求水平，改善国内就业水平，促进税收的增长。同时，我国通过国际贸易来参与国际分工，利用自身的比较优势，增加优势产品的出口和劣势产品的进口，从而可以更好地优化资源配置，提高生产效率，促进产业结构的升级和工业化的进程，推动经济的增长。

5. 进出口产品相对价格的变化不会对我国国际贸易带来显著的影响

实证分析结果显示，进出口产品相对价格的变动对我国国际贸易的影响总体上是不显著的，主要有以下几个方面的原因：首先，我国与主要贸易伙伴之间的经贸关系比较稳定，各国对我国产品的依赖性较强，不容易受价格波动的影响；其次，我国的出口产品具有一定的价格优势，相对价格的小幅变化不足以影响这种优势；再次，我国经济发展对于进口产品、原材料的依赖性较强，相对价格的变动不会对我国的进口需求带来明显的影响；最后，相对较小的经济体如马来西亚，在国际贸易中往往是价格接受者，而不是价格制定者，因此相对价格变动对于此类国家或地区与我国的贸易未能产生显著的影响。

7.2 启示及政策含义

1. 保持人民币汇率的稳定性

实证分析结果显示，人民币汇率波动对我国国际贸易的传导效应主要表现在汇率波动风险的传导。虽然汇率波动对我国贸易总量上的影响是偏弱的，但是从分量上来看，汇率波动风险会对我国与部分贸易伙伴之间的国际贸易带来不同程度上的不利影响。随着人民币汇率灵活性的提高，汇率波动从频度和幅度两个方面都将增强，而我国进出口贸易产品结构也在不断升级，进出口产品需求价格弹性将会增大，故汇率波动对于国际贸易的影响会有增强的趋势。

从国际经验上来看，同样经历过经济高速增长时期的日本和德国的经验事实可供参考。日本经济高增长的时期，同时也是日元汇率相对稳定的时期，如 20 世纪 50 年代至 80 年代。经济出现问题、国际贸易摩擦显著增强的时期，同时也是日元汇率剧烈波动的时期，如 20 世纪 90 年代至今。在 20 世纪 70 年代至 80 年代，美国外贸赤字逐年扩大，政府预算也出现赤字，而德国与日本对美国的巨额贸易顺差以及德国马克与日元的缓慢升值影响了美国的利益。作为世界霸主的美国，为了解决自己巨额的贸易逆差问题，在 1985 年 9 月 22 日会同前联邦德国、日本、法国、英国签署了著名的《广场协议》(*Plaza Accord*)，协议要求德国马克与日元应该大幅升值，希望通过美元的贬值来提高美国出口产品的竞争力，以降低外贸赤字。《广场协议》实施后，对于日本而言，日元的大幅升值以及日本国内的扩张性货币政策导致了严重的泡沫经济，虽然经历了短暂的繁荣，但在 20 世纪 90 年代初房地产泡沫破灭后，日本进入了长达十余年的衰退期，经济长期停滞。在同样的时期，德国以消极的态度执行《广场协议》，以反通货膨胀的出发点来制定货币政策，维持了德国马克汇率的相对稳定，避免了经济的动荡，保持了经济发展的活力。由此可见，一个国家汇率的稳定性关系到经济的健康发展。在当前经济全球化、人民币国际化的背景下，保持汇率的稳定性尤为重要，汇率剧烈波动将导致国际投机资本的流入、流出，不利于经济的平稳运行。我国出口贸易目前仍依赖于数量和价格的优势，人民币如果发生连续性的贬值将会引起贸易摩擦，打乱贸易秩序，不利于国际贸易的平稳发展。

为了更好地发挥汇率的国际收支调节功能，提高我国货币政策的独立性，提升资源配置效率，在总体可控的前提之下，可以继续深化人民币汇率改革，逐步采用灵活性更高的汇率制度，人民币汇率允许浮动的范围应渐进性地放开。因此，从促进我国国际贸易健康发展的目的考虑，本书建议政府深化人民币汇率制度改革的同时，在未来的 3～5 年内，应当注意保持汇率的稳定性，密切关注国际国内经济金融最新动向以及国际资本流动的变化，保持政策连续性和稳定性。同时，逐步完善外汇市场的监管体系，确保我国国际贸易的平稳发展，防范国际投机性资本对我国经济贸易的冲击，同时也要尽可能地避免政策性风险的产生。

2. 调整对外贸易策略

我国经济的对外贸易依存度较高，对于国际市场依赖过重，近年来，在全球经济萎靡的形势下，国际上对我国出口产品的需求减少。人民币的持续升值，劳动力、土地等综合成本的不断提高削弱了我国出口产品的价格优势，我国出口贸易增速在 2010 年之后逐年下降，对外贸易的发展遇到了瓶颈。我国出口产业从总体上来看仍是以价格竞争为主，处在全球产业链的低端位置，出口贸易的增长高度依赖于资源、环境、劳动力等要素的大量投入。这种依靠数量和价格优势薄利多销的局面很容易被打破，易受到汇率波动、资源紧张、生产成本提升以及贸易保护主义的影响。就经济发展模式来说，长期的外向型发展模式导致内部、外部需求不均衡，我国国内市场潜力巨大，有待激活。

基于对上述情况的综合判断，本书认为在当前的经济背景下，我国亟需调整对外贸易策略，转变贸易发展模式，建议我国政府应加大力度来支持我国企业进行自主创新，掌握核心技术；对技术含量高、附加值高的产业应当给予政策上的倾斜，通过税赋减免、出口补贴等形式，提高此类企业的出口优惠待遇，帮助他们"走出去"，不断开拓国际市场，通过国际分工的深化，促进我国在全球产业链中地位的不断提升。

与此同时，鉴于无法从根本上解决外部需求放缓的问题，我国政府也应实施积极的财政政策和稳健的货币政策，逐渐转变经济发展方式，扩大内部需求，增加国内消费，保持经济发展的活力，进而使我国经济发展具有可持续性。

3. 加大对金融避险工具、保险产品的合理使用

在经济全球化、人民币国际化的背景下，为降低人民币汇率波动风险对于我国国际贸易的影响，配合前两条宏观建议的落实，在微观层面上，我国政府应加强宣传指导，鼓励外贸企业加大对金融避险工具、保险产品的合理使用。

我国过去很长一段时期一直实施的是盯住美元的汇率制度，人民币汇率波动较小，且人民币长期处于升值的过程，外贸企业的汇率风险意识不强。基于历史原因，我国企业在出现问题时往往习惯于依赖政府的帮助，不能有效地利用金融工具合理避险，自身抵御外汇风险的能力较弱。在这样的特殊环境下，我国企业普遍缺乏汇率风险管理的经验和技巧，缺少国际贸易、金融、外汇理财方面的专业人才。从具体的实践上来看，在进行外汇避险时，我国企业的手段较为单一，主要依赖于自然避险方法，对金融衍生工具的使用较少，且集中于远期结售汇、外汇远期买卖等最基础的产品。我国实施更灵活的汇率制度后，企业对于人民币走势的判断更加困难，在这种情况下，自然避险方法的效果将大打折扣。因此，面对人民币汇率的不确定性，我国外贸企业需要合理地使用

灵活性更强的金融衍生工具,如外汇期权、外汇掉期、货币掉期交易等,以及购买保险产品,如出口信用保险等,来规避汇率风险。

基于上述分析,本书建议政府应加强宣传指导,增强外贸企业的汇率风险意识,鼓励外贸企业加大对金融衍生工具、保险产品的合理使用,同时大力推进外汇衍生品市场的建设和监管,通过多种避险手段的有机结合,可以在更大限度上规避汇率波动风险,促进我国外贸企业效益和国际竞争力的提升。

7.3　下一步研究方向

本书实证分析了人民币汇率波动对于我国进出口贸易总量以及我国与 10 个主要国际贸易伙伴双边贸易分量的影响,然而,理论上进出口贸易产品的结构会影响进出口贸易总体的属性,对于不同行业或者不同产品,汇率波动对其进出口贸易的影响可能不同,但由于客观条件所限,本书没有分行业或细化到具体产品来对此问题进行讨论。研究汇率波动对不同行业或者主要进出口商品贸易的影响作用,可以为本书提供很有价值的补充,这将作为下一步的研究方向。

与前期该领域的大部分实证研究一致,本书也是基于局部分析法的分析思路,在假设其他经济条件不变的情况下,重点关注于分析汇率波动对国际贸易的传导效应。但在现实中,其他因素也可能对国际贸易产生同期的影响作用。与此同时,贸易本身也可能对汇率波动带来一定的影响作用,这些问题需要我们在以后的研究中加以进一步地补充和完善。

汇率波动在短期、长期以及不同国家的进出口贸易上的影响存在一定的差异,其背后的原因包括风险偏好约束、金融市场发达程度、产业政策等多种因素,但每种因素具体的影响权重如何本书未能给出具体的分析，这一点还有待继续深入研究。

在实证分析中，考虑到汇率制度、国际贸易的不断演变发展，实证研究数据具有一定的时效性，本书研究结论仅限对现阶段的政策制定提供参考，对于人民币汇率政策以及我国国际贸易将来的发展还需要我们在接下来的研究中继续进行密切地跟踪观察。本书的实证分析思路和方法可以供其他相关研究参考借鉴。

此外，在本书中，我们仅对我国的国际贸易数据进行了分析，将来可以将研究扩展到其他具有代表性的亚洲国家，如日本、印度和韩国，考察汇率波动是怎样影响其他经济体的国际贸易，以进一步丰富该领域的研究文献。

参 考 文 献

[1] 安辉，黄万阳. 人民币汇率水平和波动和国际贸易的影响——基于中美和中日贸易的实证研究 [J]. 金融研究，2009（10）：83-93.

[2] 曹玉珊. 企业运用衍生品的风险管理效果分析——来自中国上市公司的证据 [J]. 财经理论与实践，2013（5）：59-63.

[3] 陈六傅，刘厚俊. 人民币汇率的价格传递效应——基于 VAR 模型的实证分析 [J]. 金融研究，2007（4）：1-13.

[4] 陈六傅，钱学锋. 人民币实际汇率弹性的非对称性研究：基于中国与 G-7 各国双边贸易数据的实证分析 [J]. 南开经济研究，2007（1）：3-18.

[5] 陈六傅，钱学锋，刘厚俊. 人民币实际汇率波动风险对我国各类企业出口的影响 [J]. 数量经济技术经济研究，2007（7）：81-88.

[6] 陈龙江. 人民币双边实际汇率与农产品出口：以对日出口为例 [J]. 农业技术经济，2007（1）：41-49.

[7] 陈龙江，王厚俊. 人民币汇率变动对广东农产品出口的影响：基于 ARDL-ECM 模型的实证研究 [J]. 农业技术经济，2011（6）：4-12.

[8] 陈平，熊欣. 进口国汇率波动影响中国出口的实证分析 [J]. 国际金融研究，2002（6）：7-12.

[9] 陈云，何秀红. 人民币汇率波动对我国 HS 分类商品出口的影响 [J]. 数量经济技术经济研究，2008（3）：34-45.

[10] 陈雨露. 国际金融 [M]. 北京：中国人民大学出版社，2011.

[11] 戴世宏. 人民币汇率与中日贸易收支实证研究 [J]. 金融研究，2006（6）：150-158.

[12] 戴祖祥. 我国贸易收支的弹性分析：1981—1995 [J]. 经济研究，1997（7）：55-62.

[13] 窦登奎，卢永真. 我国企业运用衍生金融工具套期保值的调查研究 [J]. 国有资产

管理，2010（12）：30－33.

[14] 李先铎，黄昌利. 新汇改后人民币实际有效汇率对出口的影响：2005Q3－2013Q3 [J]. 宏观经济研究，2014（4）：33－40.

[15] 刘荣茂，黄丽. 欧元汇率变动及对我国对欧农产品出口贸易的影响研究 [J]. 农业技术经济，2014（3）：83－88.

[16] 厉以宁等. 中国对外经济与国际收支研究 [M]. 北京：国际文化出版公司，1991.

[17] 厉以宁. 西方经济学 [M]. 北京：高等教育出版社，2005.

[18] 卢向前，戴国强. 人民币实际汇率波动对我国进出口的影响：1994—2003 [J]. 经济研究，2005（5）：31－39.

[19] 陆前进，李治国. 人民币实际有效汇率的分解和马歇尔—勒纳条件的修正 [J]. 数量经济技术经济研究，2013（4）：3－18.

[20] 封福育. 人民币汇率波动对出口贸易的不对称影响——基于门限回归模型经验分析 [J]. 世界经济文汇，2010（2）：24－32.

[21] 黄基伟，于中鑫. 中美贸易逆差与人民币升值的悖论研究 [J]. 国际贸易问题，2011（3）：140－149.

[22] 黄万阳，王维国. 人民币汇率与中美贸易不平衡问题——基于HS分类商品的实证研究 [J]. 数量经济技术经济研究，2010（7）：76－90.

[23] 曼弗雷德·加特纳. 汇率经济学：理论模型与实证分析 [M]. 北京：中国市场出版社，2009.

[24] 蒙代尔. 蒙代尔经济学文集（第五卷）：汇率与最优货币区 [M]. 北京：中国金融出版社，2003.

[25] 潘红宇. 汇率波动率与中国对主要贸易伙伴的出口 [J]. 数量经济技术经济研究，2007（2），73－77.

[26] 裴长洪，盛逖. 中国进出口贸易不平衡即其调整战略 [J]. 财经问题研究，2007（4）：3－10.

[27] 彭红枫. 人民币升值能否减少美中贸易逆差 [J]. 国际贸易问题，2010（6）：3－10.

[28] 沈国兵. 中日贸易与人民币汇率：实证分析 [J]. 国际经贸探索，2004（10）：11－16.

[29] 沈国兵. 美中贸易收支与人民币汇率关系：实证分析 [J]. 当代财经，2005（1）：

34－37.

[30] 宋志刚，丁一兵．新兴市场国家的汇率波动与出口：一个经验分析 [J]．数量经济技术经济研究，2006（7）：40－48.

[31] 魏巍贤．人民币升值的宏观经济影响评价 [J]．经济研究．2006（4）：47－57.

[32] 习辉．区域货币合作理论与路径 [M]．北京：中国金融出版社，2011.

[33] 肖奎喜，廖文秀．人民币汇率、出口贸易结构与中美贸易收支——基于 SITC 标准产业数据的实证分析 [J]．国际经贸探索，2012（12）：60－72.

[34] 徐炜，黄炎龙．人民币内外价值偏离的实证分析 [J]．财经问题研究，2007（6）：54－59.

[35] 薛昶．汇率波动对世界经济波动影响的传导机制研究 [J]．统计与决策，2007（8）：118－120.

[36] 杨凯文，臧日宏．人民币汇率变动对我国国际贸易影响的 VAR 模型实证分析 [J]．金融理论与实践，2014（12）：40－48.

[37] 杨凯文，臧日宏．人民币汇率波动对我国国际贸易的传导效应 [J]．财经问题研究，2015（2）：123－129.

[38] 叶永刚，胡利琴，黄斌．人民币实际有效汇率和对外贸易收支的关系——中美和中日双边贸易收支的实证研究 [J]．金融研究，2006（4）：1－10.

[39] 余珊萍，韩剑．基于引力模型的汇率波动对中国出口影响的实证研究 [J]．新金融，2005（2）：23－27.

[40] 翟爱梅．基于 GARCH 模型对人民币汇率波动的实证研究 [J]．技术经济与管理研究，2010（2）：20－23.

[41] 张倩，冯芸．套期保值还是投机——基于中国上市公司的实证分析，2014（12）：143－155.

[42] 赵静．数学建模与数学实验 [M]．北京：高等教育出版社，2008.

[43] 中华人民共和国国务院新闻办公室．中国的国际贸易 [M]．国务院新闻办公室白皮书，2001.

[44] 周逢民，张会元，周海，赵振宁．人民币实际有效汇率与中俄贸易收支实证研究 [J]．金融研究，2009（6）：60－71.

[45] 周杰琦，汪同三．人民币实际汇率波动对我国贸易收支的影响——基于非对称协整的实证分析 [J]．经济问题，2010（1）：4－8.

［46］周延，贾亚丽. 人民币双边实际汇率与中韩贸易收支——基于时间序列数据的经验研究（1991—2005）［J］. 华东师范大学学报（哲学社会科学版），2007（7）：104 – 110.

［47］朱孟楠，严佳佳. 人民币汇率波动：测算及国际比较［J］. 国际金融研究，2007（10）：54 – 60.

［48］朱鲇华. 人民币汇率问题研究［M］. 北京：人民出版社，2007.

［49］AKHTAR, M. A. and SPENCE – HILTON, R., Effects of Exchange Rate Uncertainty on German and U. S. Trade［J］. *Quarterly Review*,（New York：Federal Reserve Bank of New York），1984：7 – 16.

［50］ARISTOTELOUS, K., Exchange Rate Volatility, Exchange Rate Regime, and Trade Volume：Evidence from the UK – US Export Function（1989—1999）［J］. *Economics Letters*, 2001, 72：87 – 94.

［51］ARIZE, A. C., Conditional Exchange Rate Volatility and the Volume of Foreign Trade：Evidence from Seven Industrialized Countries［J］. *Southern Economic Journal*, 1997, 64：235 – 254.

［52］ARIZE, A. C., The Long – run Relationship between Import Flows and Real Exchange Rate Volatility：the Experience of Eight European Economies［J］. *International Review of Economics and Finance*, 1998, 7（4）：187 – 205.

［53］ARIZE, A. C., MALINDRETOS , J. and KASIBHATLA, K. M., Does Exchange Rate Volatility Depress Export Flows：The Case of LDCs［J］. *International Advances in Economics Research*, 2003, 9：7 – 19.

［54］ARIZE, A. C., OSANG, T. and SLOTTIE, D. J., Exchange Rate Relativity and Foreign Trade：Evidence from Thirteen LDCs［J］. *Journal of Business & Economic Statistics*, 2000, 18：10 – 17.

［55］ASSERY A. and PEEL D., The Effects of Exchange Rate Volatility on Exports：Some New Estimates［J］. *Economics Letters*. 1991, 37（2）：173 – 177.

［56］AWOKUSE, T. O. and YUAN Y., The Impact of Exchange Rate Volatility on US Poultry Exports［J］. *Agribusiness*, 2006, 22：233 – 245.

［57］BAHMANI – OSKOOEE, M., and HEGERTY, S. W., The Effects of Exchange Rate Volatility on Commodity Trade between the United States and Mexico［J］. *Southern Economic Journal*, 2009, 75（4）：1019 – 1044.

［58］ BACCHETTA, P. , and VAN WINCOOP, E. , Does Exchange Rate Stability Increase Trade and Welfare ［J］. *The American Economic Review*, 2000, 90 (5): 1093 – 1109.

［59］ BELANGER, D. , GUTIERREZ, S. , RACETTE, D. and RAYNAULD, J. , The Impact of Exchange Rate Variability on Trade Flows: Further Results on Sectoral U. S. Imports from Canada ［J］. *North American Journal of Economics and Finance*, 1992, 3: 888 – 892.

［60］ BINI – SMAGHI, L. , Exchange Rate Variability and Trade: Why is it so Difficult to Find Any Empirical Relationship? ［J］. *Applied Economics*, 1991, 23: 927 – 936.

［61］ BOLLERSLEV, T. , Generalized Autoregressive Conditional Heteroskedasticity ［J］. *Journal of Econometrics*, 1986, 31: 307 – 327.

［62］ BOOTHE, P. and GLASSMAN, D. , The Statistical Distribution of Exchange Rates: Empirical Evidence and Economic Implications ［J］. *Journal of International Economics*, 1987, 23: 297 – 320.

［63］ BOYD, D. , CAPORALE, G. M. and SMITH, R. , Real Exchange Rate Effects on the Balance of Trade: Cointegration and the Marshall – Lerner Condition ［J］. *International Journal of Finance & Economics*, 2001, 3: 187 – 200.

［64］ BROLL, U. , Foreign Production and Forward Markets ［J］. *Australian Economic Papers*, 1994, 33: 1 – 6.

［65］ CABALLERO, R. J. and CORBO, V. , The Effect of Real Exchange Rate Uncertainty on Exports: Empirical Evidence ［J］. *The World Bank Economics Review*, 1989, 3: 295 – 306.

［66］ CAGLAYAN, M. and DI, J. , Does Real Exchange Rate Volatility Affect Sectoral Trade Flows? ［J］. *Southern Economic Journal*, 2010, 77 (2): 313 – 335.

［67］ CHOWDHURY, A. R. , Does Exchange Rate Volatility Depress Trade Flows? Evidence from Error – Correction Models ［J］. *The Review of Economics and Statistics*, 1993, 75 (4): 700 – 706.

［68］ CHIT, M. , RIZOV, M. and WILLENBOCKEL, D. , Exchange Rate Volatility and Exports: New Empirical Evidence from the Emerging East Asian Economies ［J］. *World Economy*, 2010, 33 (2): 239 – 263.

［69］ CHIT, M. , and JUDGE, M. , Nonlinear Effect of Exchange Rate Volatility on Exports: the Role of Financial Sector Development in Emerging East Asian Economies ［J］. *International Review of Applied Economics*, 2011, 25 (1): 107 – 119.

[70] CLARK, P. B. , Uncertainty, Exchange Risk, and the Level of International Trade [J]. *Western Economic Journal*, 1973, 11: 302 – 313.

[71] COPELAND, L. , *Exchange Rates and International Finance.* 4th ed. [M] . London: Addison – Wesley Press, 2005.

[72] CROSBY, M. , Exchange Rate Volatility and Macroeconomic Performance in Hong Kong [J] . *Hong Kong Institute for Monetary Research Paper*, May 2000.

[73] DE GRAUWE, P. , International Trade and Economic Growth in the European Monetary System [J] . *European Economic Review*, 1987, 31: 789 – 798.

[74] DE VITA, G. and ABBOTT, A. , The Impact of Exchange Rate Volatility on UK Exports to EU Countries [J] . *Scottish Journal of Political Economy*, 2004, 51: 62 – 81.

[75] DELLAS, H. and ZILBERFARB, B. , Real Exchange Rate Volatility and International Trade: A Reexamination of the Theory [J] . *Southern Economic Journal* 1993, 59: 641 – 647.

[76] DEMERS, M. , Investment Under Uncertainty, Irreversibility and the Arrival of Information Over Time [J] . *Review of Economic Studies*, 1991, 58: 333 – 350.

[77] DELL'ARICCIA, G. , Exchange Rate Fluctuations and Trade Flows: Evidence from the European Union [J] . *IMF Staff Papers*, 1999, 46: 315 – 334.

[78] ENGLE, R. , New Frontiers for ARCH Models [J] . *Journal of Applied Econometrics*, 2002, 17: 425 – 446.

[79] ETHIER, W. , International Trade and the Forward Exchange Market [J] . *American Economic Review*, 1973, 63 (3): 494 – 503.

[80] FRANKE, G. , Exchange Rate Volatility and International Trading Strategy [J]. *Journal of International Money and Finance*, 1991, 10: 292 – 307.

[81] FRIEDMAN, M. , *Essays in Positive Economics* [M] . Chicago: University of Chicago Press, 1956: 157 – 161.

[82] GAGNON, J. E. , Exchange Rate Variability and the Level of International Trade [J]. *Journal of International Economics*, 1993, 34: 269 – 287.

[83] GONZAGA, G. M. and TERRA, M. C. , Equilibrium Real Exchange Rate, Volatility and Stabilization [J] . *Journal of Comparative Economics*, 1997, 54: 77 – 100.

[84] GOTUR, P. , Effects of Exchange Rate Volatility on Trade [J] . *IMF Staff Papers*, 1985, 32: 475 – 512.

［85］ GREENE, W. H. , *Econometric Analysis*, 5th ed. ［M］. New York: Prentice Hall Press, 2002.

［86］ HOOPER, P. and KOHLHAGEN, S. W. , The Effect of Exchange Rate Uncertainty on the Prices and Volume of International Trade ［J］. *Journal of International Economics*, 1978, 8: 483 – 511.

［87］ HSU, K. C. and CHIANG, H. C. , The Threshold Effects of Exchange Rate Volatility on Exports: Evidence from US Bilateral Exports ［J］. *The Journal of International Trade and Economic Development*, 2011, 20 (1): 113 – 128.

［88］ IMF, *The Exchange Rate System: Lessons of the Past and Options for the Future* ［M］. Washington: IMF Occasional Paper, 1984.

［89］ IMF, *Report on Exchange Arrangements and Exchange Restrictions* ［M］. Washington: IMF Publication Services, 2012.

［90］ ITO, T. and KRUEGER, A. O. , *Changes in Exchange Rates in Rapidly Developing Countries: Theory, Practice and Policy Issues* ［M］. Chicago and London: The University of Chicago Press, 1999.

［91］ KANDILOV, I. T. , The Effects of Exchange Rate Volatility on Agricultural Trade ［J］. *American Journal of Agricultural Economics*, 2008, 90: 1028 – 1043.

［92］ KLEIN, M. W. , Sectoral Effects of Exchange Rate Volatility on United States Exports ［J］. *Journal of International Money and Finance*, 1990, 9: 299 – 308.

［93］ KOOP, G. , PESARAN, M. H. and POTTER, S. M. , Impulse Response Analysis in Nonlinear Multivariate Models ［J］. *Journal of Econometrics*, 1996, 74: 119 – 147.

［94］ KORAY, F. and LASTRAPES, W. D. , Real Exchange Rate Volatility and U. S. Bilateral Trade: A VAR Approach ［J］. *The Review of Economics and Statistics*, 1989, 71: 708 – 712.

［95］ KRONER, F. and LASTRAPES, W. D. , The Impact of Exchange Rate Volatility on International Trade: Reduced Form Estimates Using the GARCH – in – mean Model ［J］. *Journal of International Money and Finance*, 1993, 12: 298 – 318.

［96］ KRUGMAN, P. , *Exchange Rate Instability, The Lionel Robbins Lectures* ［M］. Cambridge: The Massachusetts Institute of Technology (MIT) Press, 1989.

［97］ LASTRAPES, W. D. and KORAY, F. , Exchange Rate Volatility and US Multilateral Trade Flows ［J］. *Journal of Macroeconomics*, 1990, 12: 341 – 362.

[98] MANKIW, N. G. , *Macroeconomics*, 5th ed. [M] . New York and Basinstoke: Worth Publishers, 2003.

[99] MCKENZIE, M. D. , The Impact of Exchange Rate Volatility on Australian Trade Flows [J]. *Journal of International Financial Markets, Institution, and Money*, 1998, 8: 21 – 38.

[100] MCKENZIE, M. D. , The Impact of Exchange Rate Volatility on International Trade Flows [J] . *Journal of Economic Surveys*, 1999, 13 (1): 71 – 106.

[101] MCKENZIE, M. D. , and BROOKES, R. D. , The Impact of Exchange Rate Volatility on German – US Trade Flows [J] . *Journal of International Financial Markets, Institution, and Money*, 1997, 7: 73 – 87.

[102] MUNDELL, R. A. , Currency Areas, Exchange Rate Systems and International Monetary Reform [J] . Journal of Applied Economics, 2000, 3: 217 – 256.

[103] OBSTFELD, M. and ROGOFF, K. , Exchange Rate Dynamics Redux. [J]. *Journal of Political Economy*, 1995, 103: 624 – 660.

[104] PEREE, E. and STEINHERR, A. , Exchange Rate Uncertainty and Foreign Trade [J]. *European Economic Review*, 1989, 33: 1241 – 1264.

[105] PERIDY, N. , Exchange Rate Volatility, Sectoral Trade, and the Aggregation Bias [J]. *Review of World Economics*, 2003, 139: 389 – 418.

[106] PESARAN, M. H. , and SHIN, Y. , *An Autoregressive Distributed Lag Modeling Approach to Cointegration Analysis* [M] . In S. Strom, Econometrics and Economic Theory in the 20th Century: The Ragnar Frisch Centennial Symposium. Cambridge: Cambridge University Press, 1999.

[107] PESARAN, M. H. , SHIN, Y. and SMITH, R. J. , Bounds Testing Approaches to the Analysis of Level Relationships [J] . *Journal of Applied Econometrics*, 2001, 16: 289 – 326.

[108] POON, W. , CHOONG, C. K. and HABIBULLAH, M. S. , Exchange Rate Volatility and Exports for Selected East Asian Countries: Evidence from Error Correction Model [J] . *ASEAN Economic Bulletin*, 2005, 22: 144 – 159.

[109] QIAN, Y. and VARANGIS, P. , Does Exchange Rate Volatility Hinder Export Growth? [J] . *Empirical Economics*, 1994, 19: 371 – 396.

[110] ROMER, D. , *Advanced Macroeconomics*, 3th ed. [M] . New York: McGraw – Hill Education Press, 2006.

[111] SERCU, P. and UPPAL, R. , Exchange Rate Volatility and International Trade: A General Equilibrium Analysis [J] . *European Economic Review*, 2003, 47: 429 – 441.

[112] SERCU, P. and VAN HULLE, C. Exchange Rate Volatility, International Trade, and the Value of Exporting Firms [J] . *Journal of Banking and Finance*, 1992, 16: 155 – 182.

[113] SHIGEHITO, I. , Toward Common Financial Capital Market in East Asia [R]. *China Economic Summit*, 2005.

[114] VIAENE, J. M. , and DE VRIES, C. G. , International Trade and Exchange Rate Volatility [J] . *European Economic Review*, 1992, 36: 1311 – 1321.

[115] WANG, K. and BARRETT, C. B. , Estimating the Effects of Exchange Rate Volatility on Export Volumes [J] . *Journal of Agricultural and Resource Economics*, 2007, 32: 225 – 255.

[116] WOLF, A. , Import and Export Hedging Uncertainty in International Trade [J]. *Journal of Futures Markets*, 1995, 15: 101 – 110.

后　记

本书是在我的博士学位论文的基础上补充了理论分析和经验事实等方面的内容而形成的。三年前，承蒙恩师臧日宏教授的厚爱，我有幸进入中国农业大学经济管理学院攻读博士学位。博士学习期间，我经历了寒窗苦读、百思不得其解的困惑，也享受过茅塞顿开、思路迸发时的欢悦；有披星戴月、争分夺秒的忙碌，也有师生同乐、欢聚一堂的畅快。在紧张、繁忙却又充实、饱满的学习生活中，不曾察觉时光荏苒。回想求学期间的种种，感慨万千，在完成此书之际，要表达的更多是感激之情。

在我攻读博士学位的这几年里，臧老师严谨求实的治学态度、兢兢业业的工作作风、豁达开朗的胸襟让我深感钦佩，无时无刻地不在鞭策我刻苦奋进、扎扎实实地完成各项学习任务，潜移默化的磨砺让我终身受益。读博期间，臧老师孜孜不倦地培养着我，不管是在学术研究、课题写作还是学习生活中，老师都给予了大量的指导和关爱。博士毕业研究课题是在臧老师悉心指导下完成的，研究选题、结构设计、模型试验、文章写作等各个环节都浸透着老师辛勤的汗水。博士学习生涯令我成长了许多，我变得沉稳、善于思考、开朗乐观、雷厉风行，值此毕业之际，我由衷地向臧老师多年的教诲表示深深的谢意，老师的指导和帮助学生将铭记于心。

在博士课题研究过程中，有幸得到了国内学术界多位专家的指导，包括中国农业大学经济管理学院的郭沛教授、何广文教授、牛霞副教授，中国人民大学的马九杰教授，北京工商大学的张正平教授，还有匿名评审反馈宝贵意见的专家们，他们为博士毕业论文的完善提供了十分有价值的真知灼见，让我认清了研究的不足，同时也启发和拓宽了我的研究思路，提高了学术素养和科研能力。对此，也要向所有为我的课题研究提供指导和帮助的专家们表示诚挚的感谢。

在求学的日子里，中国农业大学经济管理学院的老师们给予了我很多指导和帮助。我在这里要感谢辛贤教授、陈宝峰教授、武拉平教授、何秀荣教授、方向明教授、田维明教授、何凌云教授，老师们的博学、严谨、热忱、奉献精神，让我受益良多，老师们的谆谆教导为我开展学术研究打下了扎实良好的基础。在学习生活中，杨欣老师、方芳老师、王尧老师也给了我很多帮助。中国农业大学经济管理学院培养了我，在此，向中国农业大学经济管理学院的老师们致谢。

在博士学习期间，我工作单位的领导和同事，中国农业大学经济管理学院2012级博1班的全体同学，师门的兄弟姐妹们，我的朋友们，都给予了我很多理解、关爱和支持。我能顺利地完成博士学业，与来自他们各种形式的帮助也是密不可分的。在这里，一并向他们致以真挚的谢意。来日方长，我们携手共进，且行且珍惜。

感谢中国金融出版社丁芊编辑等工作人员，此书的顺利出版与他们的辛勤付出是密不可分的。

最后要感谢我的家人，感谢我的妻子、岳父、岳母和父母。在考博之前，是他们鼓励我继续深造，提供莫大的支持，坚定了我求学的信念；在攻读博士学位期间，是他们承担起几乎全部的家务以及照顾孩子的重任，使得我能心无旁骛地潜心进行研究工作，保证了学习研究工作的质量和效率；在写作本书的日子里，是他们在我身后默默地支持着我，给予我信心，鼓励我克服重重困难完成本书的创作。感谢他们所作出的一切奉献，他们对我不计回报的付出始终是我昂首向前的动力源泉。

此刻，掩卷沉思，感触百千。记得毕业典礼时，中国农业大学挂出的条幅写道："仰望星空，心怀天下，上下求索探寻无穷真理。"拥有乐观的态度和广阔的胸襟，方能在追求真理的海洋上乘风破浪。在以后的日子里，我唯有加倍努力、继续前行、不断自勉、积极进取，才能更好地表达我对所有帮助过我的老师、同学、同事、朋友和家人最真诚的崇敬和感激之情。士不可以不弘毅，任重而道远；路漫漫其修远兮，吾将上下而求索。

作者
2015 年 9 月　北京